"十二五"职业教育国家规划教材
经全国职业教育教材审定委员会审定

汽车行驶与转向系统维修
（第2版）

主　编　胡　俊

副主编　康建军

参　编　韩　星　吴海丰　邹晓波　谢华兵

主　审　文爱民

国防工业出版社
·北京·

内 容 简 介

为了适应项目化教学，全书采用了任务驱动的编写模式，对汽车行驶与转向系统进行了详细介绍，主要内容包括车轮与轮胎检修、普通悬架系统检修、电控悬架系统检修、机械转向系统检修、普通液压助力转向系统检修、电控助力转向系统检修和车轮定位检测与调整。书中既对汽车行驶与转向系统各部分的结构、原理等相关知识进行了阐述，也对各部分的拆装、维护、检测等实训项目进行了布置，同时还有相应的自我测试题对学习效果进行检验。

为了达到项目化教学效果，本书配置了《汽车行驶与转向系统维修学习工作单》。

本书适合作为高职高专院校汽车服务类专业的教科书，也可供汽车检测、汽车维修技术等从业人员学习参考。

图书在版编目（CIP）数据

汽车行驶与转向系统维修 / 胡俊主编. —2 版. —北京：国防工业出版社，2015.3(2017.4 重印)

"十二五"职业教育国家规划教材

ISBN 978-7-118-09997-3

Ⅰ. ①汽… Ⅱ. ①胡… Ⅲ. ①汽车－行驶系－车辆修理－高等职业教育－教材 ②汽车－转向装置－车辆修理－高等职业教育－教材 Ⅳ. ①U472.41

中国版本图书馆 CIP 数据核字(2015)第 019552 号

※

国防工业出版社 出版发行

（北京市海淀区紫竹院南路 23 号　邮政编码 100048）

天利华印刷装订有限公司印刷

新华书店经售

*

开本 787×1092　1/16　印张 13　字数 299 千字

2017 年 4 月第 2 版第 2 次印刷　印数 3001—4000 册　总定价 29.50 元　教材 27.00元　工作单 2.50元

（本书如有印装错误，我社负责调换）

国防书店：(010)88540777　　发行邮购：(010)88540776

发行传真：(010)88540755　　发行业务：(010)88540717

前　言

为了适应我国汽车维修行业技能型紧缺人才培养的需要，满足高等职业院校以就业为导向的办学目标和要求，我院汽车工程系在近几年积极探索、勇于实践、大力改革教学模式、加大与企业合作办学的力度、推进工学结合的办学模式，取得了良好效果。为了提高学生的综合素质、切实增强学生的实践动手能力，我们引入了以工作任务为驱动的项目化教学模式。为适应新的教学模式，就必须打破传统教材的内容体系，为此我们特意编写了本系列教材。

本书是南京交通职业技术学院汽车工程系项目化教学改革的成果之一。本书以"任务驱动"为编写思路，采用与企业工作一线相接近的具体工作任务引出相应的专业知识，学习目标非常明确，突破了传统的"理论"与"实践"的界限，体现了现代职业教育"一体化"的特色，调动了学生的学习主动性。

本书以汽车行驶与转向系统作为学习对象，根据维修企业工作一线的实际情况，设置了7个教学项目，每个教学项目又分解为若干个子任务。与本书配套的学习工作单对应于7个教学项目，便于引导学生完成教学项目并记录检测、维修数据。本书分别针对车轮与轮胎、传统悬架、电控悬架、机械转向、液压助力转向、电控助力转向及车轮定位设置教学项目，并配置完成项目所需的相关知识，并为部分教学项目设置了知识链接，以供教学选用。每个学习任务结束后还设置了相应的自我测试，能及时地让学生测试自己的学习效果。

本书图文并茂、深入浅出。教学项目的设计以完成典型工作任务为主线，以技能训练为载体，相关知识与技能训练针对性强，以适度够用为原则。在教学设计上适于项目化教学，将学生安排为适当人数的学习小组共同学习相应理论知识及完成实践操作，同时培养学生的规范操作意识、安全意识、团队协作意识等职业素养。教学中还可设置学生模拟演练接车问诊、制定维修方案，课后可安排适量的拓展知识学习。本书每个教学项目的设置，均充分考虑了现有的教学设施和教学资源，可操作性强、效率高。

本书由南京交通职业技术学院胡俊担任主编，南京交通职业技术学院康建军担任副主编，南京交通职业技术学院文爱民担任主审。参与编写工作的还有江苏安吉汽车服务有限公司吴海丰及谢华兵、南京交通职业技术学院韩星及邹晓波。在编写过程中，得到南京交通职业技术学院汽车工程系张从学、许红军等多位教师的大力支持和帮助，还得到了南京市相关汽车4S店维修技术人员的特别帮助，在此一并表示感谢。

由于时间仓促，加之编者水平有限，书中难免有疏漏之处。在此，恳请广大读者对本书提出宝贵的意见和建议，以便下次更正。

编　者

目　　录

项目一

车轮与轮胎检修

【项目描述】

一辆普桑轿车高速行驶时转向盘颤动严重，低速时颤动减轻，由对此故障的诊断与排除引出本项目。本项目需完成的任务有检查及维护轮胎，检查轮辋状况，修理、更换轮胎，检测与调整车轮动平衡。

【知识目标】

（1）掌握车轮与轮胎的功用、类型。

（2）掌握车轮与轮胎的结构、标号方法。

（3）熟悉轮胎日常维护、一级维护及二级维护的作业内容。

（4）了解常见品牌轮胎的性能特点及适用车型。

（5）了解轮胎的选用方法。

【技能目标】

（1）能够熟练拆装车轮及轮胎。

（2）能够对轮胎进行外观检查及解体检查。

（3）能够进行车轮动平衡检测与调整。

（4）能够正确进行车轮换位。

（5）能够正确判断车轮与轮胎的常见故障并给予解决。

任务一　检查及维护轮胎

【任务描述】

本任务对轮胎进行常规检查及维护，其目的是降低轮胎的磨损速度，防止不正常的磨损和损坏，并及时发现轮胎存在的隐患，以延长轮胎的使用寿命，并保证轮胎行驶时的安全性。

【任务分析】

普桑轿车高速行驶时转向盘颤动较严重，车速下降后转向盘颤动现象减轻，这一故障的基本原因是与转向盘相连的转向车轮旋转质量不均匀，高速旋转时产生偏摆及振动。为解决此故障，应先检查转向车轮轮胎的状况，包括胎压、磨损情况、轮胎是否有损伤等，对于有问题的轮胎应进行相应的维护，严重损伤的轮胎应修理或更换。

本任务需要以下工具、设备：普桑轿车整车、胎压表、空气压缩机、胎纹尺、举升机、轮胎扳手、扭力扳手等。

【任务实施】

一、测量轮胎气压

1. 查找车辆轮胎标准气压

查找该车型的维修手册，查出轮胎标准气压如表 1-1 所列。

表 1-1　桑塔纳轿车轮胎标准气压

气压/（kg/cm²）	桑塔纳除 85kW 外所有车型		桑塔纳 85kW 车型	
	前	后	前	后
半负荷	1.8	1.8	1.9	1.9
全负荷	1.9	2.3	2.0	2.3

2. 测量轮胎气压

拧下气门嘴帽，将胎压表接到气门嘴上，用胎压表测量轮胎气压，如图 1-1 所示。

图 1-1　轮胎气压的检查

3. 调整轮胎气压

1）充气

若轮胎气压低于标准值，需对轮胎进行充气，充气步骤如下。

（1）拆下轮胎气门嘴帽。

（2）将胎压表连接到空气压缩机的高压气管上，运转空气压缩机产生足够压力的压缩空气。将胎压表的管嘴压在气门嘴上，对轮胎进行充气，如图 1-2 所示。

（3）充气完毕后检查轮胎气压是否符合**标准**。

（4）检查气门嘴处是否漏气，可用手指沾水抹在气门嘴上，若有气泡产生表明气门嘴处漏气，需更换气门嘴。如图 1-3 所示。

（5）旋上气门嘴帽。

图 1-2　对轮胎充气　　　　　　　　　　图 1-3　检查气门嘴是否漏气

2）放气

若轮胎气压高于**标准值**，需对轮胎进行放气，放气步骤如下。

（1）拆下轮胎气门嘴帽。

（2）将胎压表的管嘴接到轮胎气门嘴上，再压下胎压表把手侧面的放气按钮，此时轮胎内的气体经胎压表外泄。需注意在放气过程中经常松开胎压表放气按钮停止放气，观察轮胎气压是否下降到**标准**压力，以防过度放气。

（3）放气至轮胎**标准**气压后旋上气门嘴帽。

二、检查轮胎状况

1. 检查轮胎外表面

检查轮胎外表面是否被钉子扎入、胎面是否有刮伤、裂纹、鼓包等情况，如图 1-4 和图 1-5 所示。

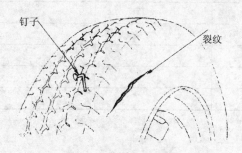

图 1-4　轮胎扎钉、裂纹　　　　　　　　　图 1-5　轮胎鼓包

2. 检查轮胎磨损情况

（1）观察轮胎磨损标记，如图 1-6 所示，若胎纹磨损标记处显现出一个横跨外胎的宽带，则表明轮胎已磨损到极限，轮胎需报废换新。

（2）测量轮胎花纹深度，如图 1-7 所示，**测量胎冠花纹深度**，**测量值小于 1.6mm 时**，需要更换轮胎。将轮胎花纹深度**测量值及判断填入表 1-2 内。**

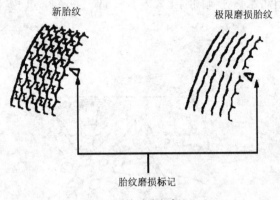

图 1-6　轮胎磨损标记　　　　　图 1-7　用轮胎花纹深度尺测量轮胎花纹深度

表 1-2　轮胎花纹深度测量及判断

车轮	花纹深度/mm	可否继续使用
左前轮		
右前轮		
左后轮		
右后轮		
备胎		

3. 检查轮胎是否有异常磨损

（1）用举升机将车辆举至高于头顶。

（2）分别转动并观察 4 只轮胎是否有异常磨损，并将检查结果填入表 1-3 中。

表 1-3　轮胎异常磨损检查

磨损类型	磨损车轮	磨损程度	可否继续使用
胎面中间磨损			
内侧磨损			
外侧磨损			
羽状（锯齿状）磨损			
斑状（周向不均匀）磨损			

三、车轮换位

1. 拆卸车轮总成

1）手动拆卸车轮总成步骤

（1）停稳车辆，拉起驻车制动。

（2）取下车轮上的装饰罩，用套筒扳手初步拧松各轮胎固定螺栓，如图 1-8 所示，需注意按图示顺序进行。

（3）用千斤顶顶起待拆卸车轮旁的举升点，使车轮稍离地面。

（4）拧下固定车轮的所有螺栓，并摆放整齐。

（5）左右晃动车轮，并往外拉车轮，将其从车轴上取下。

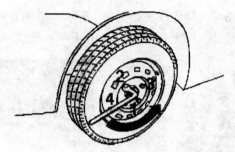

图 1-8　拆卸车轮

2）气动扳手拆卸车轮总成

不推荐采用气动扳手拆卸或安装车轮总成，因为若操作不当，易操作车轮螺栓，但因其省力、高效，故实践中也经常采用。其拆卸方法与手动拆卸类似，不同之处在于可直接用举升机将车辆举升至 1m 高左右，再用气动扳手直接拆卸，无需将车轮螺栓预先松动。

2. 调整车轮位置

将左前轮与左后轮位置对调，右前轮与右后轮位置对调。

3. 安装车轮

1）手动安装车轮总成步骤

（1）清洁车轮固定螺栓。

（2）将车轮套到车轴上，用手将车轮螺栓拧上，并用扳手初步拧紧螺栓。

（3）查找维修手册，找出普桑轿车车轮螺栓的标准拧紧力矩为 110N·m。

（4）降下千斤顶使车辆落地，用扳手按照图 1-8 所示顺序分 2 次～3 次拧紧车轮螺栓，注意不要过分上紧。最后换扭力扳手将所有车轮螺栓上紧到 110N·m。

2）气动扳手安装车轮总成

车辆在举升机上不用降下，预先将气动扳手力矩调整到 110N·m，按照图 1-8 所示顺序分 2 次～3 次上紧车轮螺栓。注意操作要平稳，不可操作车轮螺栓。

任务二　检查轮辋状况

【任务描述】

本任务对轮辋进行检查，观察其是否有损伤，以便进行修理或更换。

【任务分析】

普桑轿车属于低档轿车，其轮辋可采用铝合金的，也可采用钢质。铝合金轮辋硬度高，主要损坏形式为缺口及开裂，不可修复，只能更换。钢质轮辋硬度较低、韧性好、不易缺口或开裂，但易变形，变形程度轻时可整形修复。

本任务需要以下工具、设备：普桑轿车整车、举升机。

【任务实施】

一、检查轮辋表面状况

（1）检查轮辋是否有缺损，轮辋缺损如图1-9所示，轮辋若有缺损必须更换。

（2）检查轮辋是否有裂纹，轮辋开裂如图1-10所示，轮辋若有裂纹必须更换。

图1-9　轮辋缺损　　　　　　　　　图1-10　轮辋开裂

（3）检查轮辋是否变形，轮辋变形如图1-11所示，轮辋若变形必须更换。

（4）检查轮辋是有刮伤，轮辋刮伤如图1-12所示，轮辋刮伤一般不影响行车安全，若不考虑美观因素，可继续使用。

图1-11　轮辋变形　　　　　　　　　图1-12　轮辋刮伤

（5）检查轮辋表面清洁状况，若轮辋表面粘附大量油污、刹车片粉沫、柏油等脏物，需进行清洗。清洗方法可采用柏油清洗剂喷洒浸润数分钟后用软布擦洗，若较难清除可采用软毛刷刷洗，需注意不可使用金属刷，以免破坏轮辋表面漆层。

（6）检查轮辋是否有严重的锈蚀，若有锈蚀则需要更换。

二、更换轮辋

1. 查找轮辋规格代号

进行轮辋表面状况检查时，若发现某些轮辋有严重损伤，应对其进行更换。首先查找维修手册，普桑轿车采用的轮辋规格代号为5 1/2J×13。

2．更换轮辋

可选用大众公司原厂此规格的轮辋进行更换，也可选用其他品牌此规格的轮辋，但应将全车 4 只轮辋同时换掉，以保证所有车轮质量均匀。轮辋更换步骤与拆、装轮胎相同，可参见本项目任务三相关内容。

任务三　修理、更换轮胎

【任务描述】

实行任务一时，若发现轮胎有扎钉的情况，可将轮胎拆卸进行修补；若轮胎产生过度磨损、裂口、鼓包、严重偏磨等情况，则需要更换新胎。本任务学习修理、更换轮胎的方法。

【任务分析】

现代轿车普遍采用无内胎轮胎，扎钉后胎内空气不会立刻泄漏完，而是在较长时间内逐渐泄漏，这种情况应及时修补轮胎，以免胎压过低影响行驶及造成轮胎异常磨损。当轮胎磨损至极限或产生鼓包、严重偏磨时，若继续使用，则存在严重安全隐患，需及时更换新胎。此外，若轮胎裂口或轮辋损坏也需要对轮胎进行拆卸，更换新胎或轮辋。

本任务需要以下工具、设备：普桑轿车整车、拆胎机、胎压表、空气压缩机、气门芯扳手等。

【任务实施】

一、拆卸轮胎

按以下步骤拆卸轮胎。

（1）用气门芯扳手旋松气门芯，完全释放轮胎内的气体。

（2）用动平衡机配套的钳子拔除轮辋上所有的动平衡块。此处需特别注意，若轮辋上留有平衡块，则拆胎过程中极易刮破胎唇从而导致轮胎报废。

（3）将车轮放置到拆胎机如图 1-13 所示位置，移动轮胎挤压板 E 至图示位置，踩下轮胎挤压臂踏板 B，使轮胎和轮辋分离。转动轮胎后再次挤压，轮胎一面需按均匀角度挤压 3 处～4 处，且轮胎两面均要挤压，直至轮胎与轮辋彻底分离。

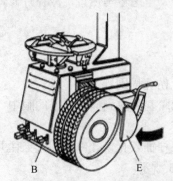

图 1-13　分离轮胎和轮辋

B—轮胎挤压臂踏板；E—轮胎挤压板。

（4）将车轮放到拆胎机卡盘上，踩下卡盘开闭踏板，夹紧轮辋，如图1-14所示。需注意，卡盘卡爪有夹住轮辋外缘后闭合及卡爪置于轮辋内部后张开两种装夹方式，选用哪种装夹方式，以便于操作为准。

（5）用毛刷将肥皂水均匀刷涂于胎唇部位。

（6）拉下拆装臂，使拆胎机鸟头贴住轮辋边缘，旋转拆胎机上部锁止手柄，将拆胎臂锁紧。

（7）以拆胎鸟头为支点，用撬棍将胎唇撬起置于拆胎鸟头上方，如图1-15所示，踩下拆胎机卡盘旋转踏板，使卡盘旋转360°以上，扒出上侧轮胎。

拆胎过程中撬棍应始终压下，直至上侧轮胎扒出后方可抽出。若旋转过程中轮胎有卡住趋势（拆胎机声音变低沉），应立即松开卡盘旋转踏板，再将卡盘旋转踏板向上抬起，使卡盘反转，轮胎退出卡紧位置，做好调整之后再重新踩下卡盘旋转踏板。

图1-14　安放轮胎

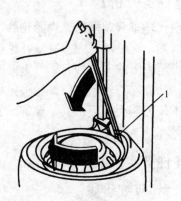
图1-15　用撬棍撬起胎唇

（8）将轮胎向上方托起，用撬棍将轮胎下侧胎唇撬起置于拆胎鸟头上方，按步骤（7）同样方法扒出下侧轮胎，至此轮胎与轮辋完全分离。

二、修补轮胎

若轮胎胎冠部位被螺丝钉、钢钉等硬物扎穿，洞口直径小于6mm，轮胎其他方面状况良好，已有修补次数少于3次的，可以对轮胎进行修补。

修补方法可选用以下一种，考虑修理质量，冷补片修理好于橡胶塞杆修理，热补片修理好于冷补片修理。

1. 橡胶塞杆修理

橡胶塞杆修理步骤如下。

（1）用锉刀或抛光轮将扎伤孔周围锉平、拉毛。

（2）将一个适当大小的橡胶塞杆放到插入工具的眼中，用热补液涂抹橡胶塞杆和插入工具。

（3）从轮胎内侧将橡胶塞杆插入扎伤孔内，同时夹住并位动橡胶塞杆，使橡胶塞杆头部与轮胎内侧接触，如图1-16所示。

（4）卸掉插入工具，修剪突出胎冠表面多余的塞杆。

（5）将轮胎与轮辋装合，充气至标准气压，检查是否漏气。检查漏气可将整个车轮浸入水池，观察是否有气泡冒出，若有则表明仍然漏气。没有水池的情况下可用海绵浸水后在轮胎表面涂抹，观察是否有气泡冒出。

2．冷补片修理

冷补片修理步骤如下。

（1）用锉刀或抛光轮将扎伤孔周围锉平、拉毛。

（2）将硫化液体（俗称补胎胶水）涂到抛光的面积上，等待其自然晾干直至发黏。

（3）剥掉补胎片的护皮，使补胎片中心对准扎伤孔，将补胎片贴到扎伤孔上。

（4）用挤压工具在补胎片上前后按压，如图 1-17 所示，使补胎片与轮胎牢固粘合。

（5）装合轮胎，充气后检查是否漏气。

图 1-16　橡胶塞杆补胎

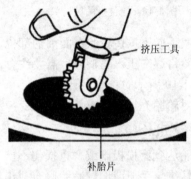

图 1-17　挤压补胎片

3．热补片修理

热补片修理步骤如下。

（1）用锉刀或抛光轮将扎伤孔周围锉平、拉毛。

（2）将硫化液体涂到抛光的面积上，等待其自然晾干直至发黏。注意，热补片修理，硫化液不是必须的。

（3）剥掉补胎片的护皮，将补胎片粘到轮胎内侧，使其中心对准扎伤孔。将轮胎夹持到补胎机（硫化机）上，注意补胎片应位于补胎机电阻丝加热部件的正下方，开启补胎机电源，对补胎片及轮胎加热适当时间（补胎机功率大小不同，具体时间参见补胎机说明）。

（4）将轮胎从补胎机上拆下，使热补胎片冷却几分钟。

（5）装合轮胎，充气后检查是否漏气。

三、安装轮胎

安装轮胎步骤如下。

（1）在胎唇位置刷抹肥皂水。

（2）将轮辋固定到拆胎机卡盘上，将轮胎放到轮辋的上沿。

（3）压下拆胎机拆装臂，使鸟头压住轮辋边缘，如图 1-18 所示。

（4）如图 1-19 所示，将图中 A 处轮胎压在鸟头下方，将图中 B 处轮胎用撬棍挑起置于鸟头上方。

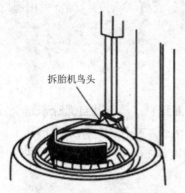

图 1-18　定位拆胎机鸟头

图 1-19　装胎时轮胎与鸟头定位

（5）双手向下按住轮胎在面前的部位，并用力将轮胎往向前的方向推，踩下卡盘旋转踏板，轮胎将逐渐压入轮辋内。需要注意，安装轮胎时应按本步骤方法先装轮胎下侧，其次装如图 1-19 所示的轮胎上侧。

（6）对轮胎充气并检查其密封性。

四、选用轮胎

当轮胎达到磨损极限或严重损伤不能使用时，应更换新胎。选用轮胎步骤如下。

（1）从维修手册或旧轮胎胎侧查找出轮胎规格代号为 185/70 H R 13 84H。

（2）确定更换轮胎的数量。若是因为过度磨损，应更换全车轮胎或同轴两只轮胎；若因为意外损坏了一只轮胎，只需更换一只轮胎时，应将新胎置于前轴，并将其余三只轮胎中最好的一只与其配对，装至前轴上。

（3）选择轮胎品牌，全车换胎时可根据需求选用性能好的轮胎或性价比较高的轮胎；若只更换一只或两只轮胎，应选用与旧胎相同品牌、相同规格的轮胎，以保证行驶的稳定性。注意，若前轮只更换一只轮胎，当旧胎与新胎花纹深度相差 2mm 以上时，即会影响到车轮定位参数。

任务四　检测与调整车轮动平衡

【任务描述】

本任务对车轮进行动平衡检测与调整，尤其是两只转向车轮需重点做车轮动平衡。

【任务分析】

本任务车辆高速行驶时转向盘颤动严重，低速时颤动减轻的故障现象，其最大可能是车轮动平衡不良所引起的。此外，轮胎修补之后或换用新胎、新轮辋时也需要做车轮动平衡。

本任务需要以下工具、设备：车轮总成、车轮动平衡机、胎压表、空气压缩机。

【任务实施】

一、准备工作

（1）清除待测车轮上的泥土、石子等杂物，使用平衡钳取下旧平衡块，如图 1-20 所示。

（2）检查轮胎气压，若不符合规定，应调整胎压至标准值。

二、安装车轮

（1）将车轮放到平衡机转轴上，注意轮辋凹面应朝向平衡机，如图 1-21 所示。

（2）根据轮辋中心孔的大小选择定心锥铁，用快速锁紧螺母将车轮锁紧在平衡机转轴上。注意既要旋紧锁紧螺母，又不可过分用力，否则极易损坏锁紧螺母。

图 1-20 拆卸旧平衡块

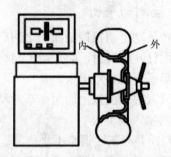
图 1-21 车轮在平衡机上的安装

三、输入车轮参数

检测动平衡前需先向平衡机内输入车轮参数 a、b、d，其含义如图 1-22 所示。

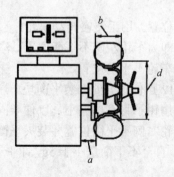
图 1-22 车轮参数

a—动平衡机到轮辋边缘的距离；b—轮辋宽度；d—轮辋直径。

（1）将车轮动平衡机电源线插头插入电源插座，打开车轮动平衡机电源开关。

（2）检查车轮动平衡机显示面板显示是否正常。

（3）从胎侧轮胎规格代号读取轮辋直径 d，通过动平衡机控制面板的按键输入 d 的数值。

（4）用卡尺测量轮辋宽度 b，通过动平衡机控制面板的按键输入 b 的数值。

（5）用动平衡机上的拉尺测量动平衡机到轮辋边缘的距离 a，通过动平衡机控制面板的按键输入 a 的数值。

（6）将轮胎型号及 a、b、d 这 3 个数据填入表 1-4。

表 1-4　车轮动平衡测量与调整数据

轮胎型号						
参数设置	$a=$		$b=$		$d=$	
调整次数	平衡前数据		安装平衡块质量/g		平衡后数据	
	内侧	外侧	内侧	外侧	内侧	外侧
1						
2						

四、检测动平衡

（1）按下动平衡机控制面板上的启动键，车轮旋转，动平衡机开始检测车轮动平衡。

（2）运行几秒钟后，动平衡机制动车轮，车轮停止旋转，动平衡机检测出车轮动平衡数据并在显示屏上显示出来。

（3）读取显示面板上的两个车轮动平衡数据，分别代表车轮左、右两侧的不平衡量，将检测数据填入表 1-4。

（4）判断是否需要调整不平衡量。若显示数据为 0，代表不平衡量小于 5g，符合标准；若显示大于 5 的数字，代表不平衡量的值为此数字，单位为 g，需要调整不平衡量。

对于有车轮防护罩的动平衡机应盖上车轮防护罩后进行测量。

对于没有车轮防护罩的动平衡机，由于测量过程中车轮会发生旋转，注意身体不要碰触到车轮，同时也要防止车轮将石子、泥土或水甩到身上。

五、调整动平衡

（1）定位车轮左侧不平衡位置。用手慢慢转动车轮，直到动平衡机显示面板上左侧指示灯全亮时停止转动，此位置即为车轮左侧不平衡位置。注意，有些车轮动平衡机采用音响、显示点阵等其他方式指示车轮不平衡位置。

（2）左轮辋左侧正上方（12 点位置）处加装平衡块。注意，平衡块需装夹牢固，若平衡块开口较大，应在装夹前先用钳子将开口夹小，以便牢固地装夹到车轮上。

（3）采用同样方法寻找车轮右侧不平衡位置并装夹平衡块。

（4）再次检测车轮动平衡，直至不平衡量小于 5g，即平衡机显示面板显示"0"或"OK"为止。

（5）将调整数据填入表 1-4 中。

注意，一次调整可能并不能将车轮左、右两侧不平衡量都调整到符合标准，此时可进行第二次调整。但调整次数不宜过多，最好 1 次～2 次调整好，否则车轮上将安装过多平衡块。

【相关知识】

车轮和轮胎是汽车重要的组成部件，它们的主要作用有：支撑汽车及其载荷；吸收和缓解汽车行驶时所受路面的冲击和振动，提高乘坐的舒适性；通过轮胎和路面的良好附着性能，提高汽车的动力性、制动性；维持或改变汽车行驶方向，提高汽车的操纵稳定性。

一、车轮

1. 车轮的功用与类型

车轮的功用是安装轮胎、连接半轴或转向节、承受半轴或转向节传来的力矩。一般将轮辋、轮毂和连接它们的轮辐合称为车轮组件，简称车轮。按照轮辐的构造，车轮分为辐板式和辐条式两种主要形式。根据材料的不同，车轮又分为钢板型、铝合金型及铸铁型。各种类型的车轮如图1-23所示。

图 1-23　车轮

（a）钢质辐板式车轮；（b）铝合金车轮；（c）钢丝辐条车轮；（d）铸造辐条车轮。

2. 车轮的结构

钢丝辐条式车仅见于一些赛车及高档轿车，铸造辐条式车轮主要为某些重型货车采用。多数车辆采用辐板式车轮，它由挡圈、辐板、轮辋和气门嘴伸出口等组成，如图1-24所示。

辐板为钢质圆板，它将轮毂和轮辋连接为一体，大多是冲压制成的，少数与轮毂铸成一体。辐板与轮辋是铆接或焊接在一起的。

图1-25所示为桑塔纳轿车所采用的深槽轮辋，其带肩的凸缘用以安放轮胎胎圈，其肩部通常略向中间倾斜，倾斜部分的最大直径即称为轮胎胎圈与轮辋的接合直径。为便于轮胎的拆装，断面的中部制成深凹槽。

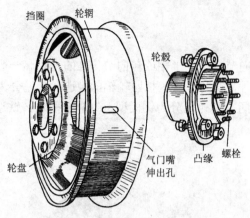

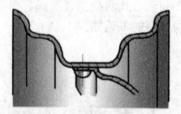

图 1-24　车轮的结构　　　　图 1-25　轮辋断面

3．轮辋

轮辋俗称钢圈，是车轮上安装轮胎的部件。轮辋有钢质轮辋、铝合金轮辋两种，前者用于载重汽车和经济型轿车、面包车，后者一般用于中、高档轿车中。

1）轮辋轮廓的类型

轮辋常见的类型主要有深槽轮辋、平底轮辋和对开式轮辋，如图 1-26 所示。此外，轮辋还有半深槽轮辋、深槽宽轮辋、平底宽轮辋、全斜底轮辋其他 4 种类型，如图 1-27 所示。

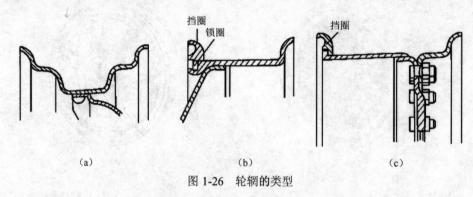

（a）　　　　　　　　（b）　　　　　　　　（c）

图 1-26　轮辋的类型

（a）深槽轮辋；（b）平底轮辋；（c）对开式轮辋。

（1）深槽轮辋。深槽轮辋用钢板冲压或铝合金铸造成整体结构，断面的中部制成深凹槽，以便于拆轮胎，凹槽两侧略向中间倾斜。这种轮辋的特点是结构简单、刚度大、质量轻，适用于安装在尺寸小、弹性较大的轿车和轻型越野车等中。

（2）平式轮辋。平底轮辋的底部呈平环状，其一边有凸缘，另一边用可拆卸的挡圈作凸缘，具有弹性的开口锁圈嵌入轮辋边缘的环槽内，以防止挡圈脱出。安装轮胎时，先将轮胎套在轮辋上，然后套上挡圈，并将它向内推，直至超过轮辋上的环形槽，再将开口的弹性锁圈嵌入环形槽中。平底轮辋一般用于货车中，如东风 EQ1090 型和解放 CA1091 型汽车。

（3）对开式轮辋。对开式轮辋由两部分组成，其内、外轮辋的宽度可以相等，也可以不相等，二者用螺栓连成一体。拆装轮胎时，只需拆卸螺栓即可。这种轮辋的特点是拆装方便，多用于越野车上。

　　由于轮辋是装配和固定轮胎的基础，当轮胎装入不同的轮辋时，其变形位置和大小也发生变化。因此，每一种规格的轮胎，应配用与其相应的标准轮辋。

　　2）国产轮辋轮廓的代号

　　国产轮辋轮廓类型有 7 种，其代号如图 1-27 所示。

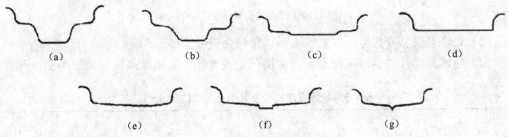

（a）　　　　　　（b）　　　　　　（c）　　　　　　（d）

（e）　　　　　　（f）　　　　　　（g）

图 1-27　国产轮辋类型及其代号

（a）DC—深槽轮辋；（b）WDC—深槽宽轮辋；（c）SDC—半深槽宽轮辋；（d）FB—平底轮辋；
（e）WFB—平底宽轮辋；（f）TB—全斜底轮辋；（g）DT—对开式轮辋。

　　3）轮辋的结构型式

　　根据其零件组成，轮辋的结构型式可分为一件式轮辋、二件式轮辋、三件式轮辋、四件式轮辋和五件式轮辋，如图 1-28 所示。

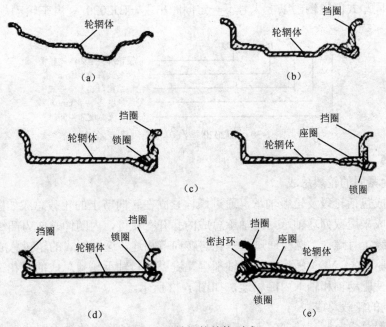

图 1-28　轮辋的结构型式

（a）一件式轮辋；（b）二件式轮辋；（c）三件式轮辋；（d）四件式轮辋；（e）五件式轮辋。

　　4）国产轮辋规格

　　国产轮辋规格用轮辋名义宽度代号、轮缘高度代号（用字母作代号）、轮辋结构型式代号、轮辋名义直径及轮辋轮廓类型代号来表示。具体表示方法如图 1-29 所示。

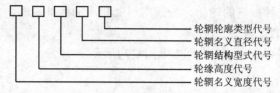

轮辋轮廓类型代号
轮辋名义直径代号
轮辋结构型式代号
轮缘高度代号
轮辋名义宽度代号

图 1-29　国产轮辋规格表示方法

（1）轮辋名义宽度代号。以数字表示，单位为英寸（inch，简写 in，1in=2.54cm）。

（2）轮缘高度代号。以字母表示，常用代号及其相应的轮缘高度值如表 1-5 所列。

表 1-5　轮缘高度代号及其数值（单位：mm）

代号	C	D	E	F	G	H	J	K	L	P	R	S	T	V	W
高度	15.88	17.45	19.81	22.23	27.94	33.73	17.27	19.26	21.59	25.4	28.58	33.33	38.1	44.45	50.8

（3）轮辋结构型式代号。用"X"表示一件式轮辋，用"—"表示多件式轮辋。

（4）轮辋名义直径代号。用数字表示，单位为英寸。

（5）轮辋轮廓类型代号。用字母表示，轮辋类型如图 1-27 所示。

对于不同型式的轮辋，以上代号不一定同时出现，BJ2020 型汽车轮辋规格如图 1-30 所示。

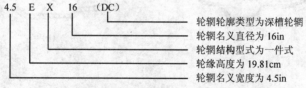

4.5　E　X　16　（DC）

轮辋轮廓类型为深槽轮辋
轮辋名义直径为 16in
轮辋结构型式为一件式
轮缘高度为 19.81cm
轮辋名义宽度为 4.5in

图 1-30　BJ2020 型汽车轮辋规格表示

4．轮毂

1）螺栓紧固的轮毂总成

轮毂总成包括轮毂及轮毂轴承，通过螺栓紧固在转向节上的轮毂总成如图 1-31 所示。这种轮毂总成采用双列球轴承，内轴承总成的孔开有花键，内圈伸长成为凸缘和接头。外圈相连的凸缘上有螺孔，螺栓通过这些孔与转向节相连。这种型式的轮毂总成适用于中等大小的前轮驱动（FWD）轿车。每根轴都有花键以便与轴承轮毂总成的内花键相配合，轮毂上的螺母使驱动轴和轴承内圈相连，如图 1-32 所示。

2）压制的轮毂总成

这种轮毂总成压制到转向节上，如图 1-33 所示，这种型式的轴承用在小型的前轮驱动轿车上。轮毂被压制到轴承内圈上，驱动轴花键插入轮毂内。轮毂轴承可采用双列球轴承或双滚锥轴承。用双滚锥轴承比用双列球轴承能承受大的径向载荷，但是滚锥轴承易产生不同轴现象。轴承两侧都用密封圈，以防杂质进入轴承。

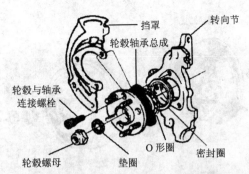

图 1-31　通过螺栓紧固在转向节上的轮毂总成

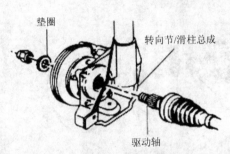

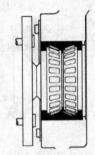

图 1-32　半轴与轮毂轴承的安装　　　　图 1-33　压制到转向节上的轮毂总成

3）带有两个独立轴承的轮毂总成

这种轮毂轴承具有两个独立的滚锥轴承，轴承外圈压制在转向节上，轮毂压制在轴承内圈上，如图 1-34 所示。

图 1-34　带有两个独立滚锥轴承的轮毂总成

4）前驱轿车后轮轮毂总成

前驱轿车后轮轮毂总成如图 1-35 所示。

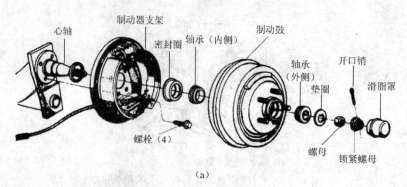

（a）

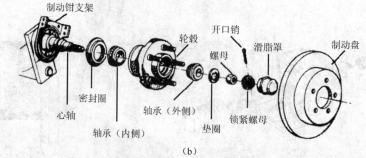

（b）

图 1-35 前驱轿车后轮轮毂总成

（a）采用鼓式制动器的后轮轮毂总成；（b）采用盘式制动器的后轮轮毂总成。

5）后驱轿车后轮轮毂总成

后驱轿车后轮轮毂总成如图 1-36 所示。

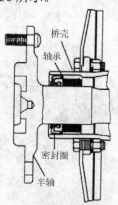

图 1-36 后驱轿车后轮轮毂总成

二、轮胎

1. 轮胎的功用与类型

1）轮胎的功用

轮胎与路面直接接触，支撑车辆的全部质量，并将车辆的驱动力和制动力传至路面，减弱由于路面不平所造成的振动，从而控制车辆的启动、加速、减速、停车和转向。

2）轮胎的类型

汽车轮胎按胎体结构不同可分为充气轮胎和实心轮胎，现代汽车绝大多数都使用充气轮胎。充气轮胎可分为以下类型。

（1）按其胎体结构不同，可分为有内胎轮胎、无内胎轮胎。

（2）按其胎内气压不同，可分为高压轮胎（0.5MPa～0.7MPa）、低压轮胎（0.15MPa～0.45MPa）、超低压轮胎（0.15MPa 以下），现代轿车普遍采用低压轮胎。

（3）按其胎体内帘线排列方向，可分为普通斜交轮胎、子午线轮胎。

（4）按其胎面花纹的不同，可分为普通花纹轮胎、混合花纹轮胎、越野花纹轮胎。

2．轮胎的结构

1）有内胎轮胎

有内胎轮胎由外胎、内胎和垫带组成，如图 1-37 所示。

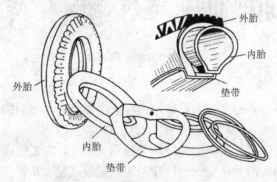

图 1-37　有内胎轮胎的组成

（1）外胎。外胎是轮胎的框架，由胎面、帘布层、缓冲层、胎圈组成，如图 1-38 所示，它应具有足够的强度承受车辆重量，具有良好的密封性以防止高压空气外泄，还应具有足够的弹性吸收载荷的变化和冲击。

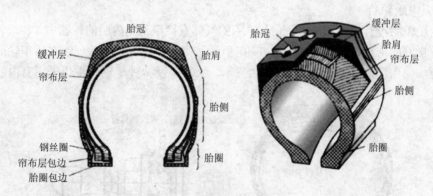

图 1-38　外胎的结构

胎面的外部是橡胶层，用来保护胎体免受路面磨损，并与路面直接接触，产生摩擦阻力、驱动力和制动力，由胎冠、胎侧、胎肩组成。

为增加轮胎的附着力，避免轮胎纵、横向打滑，保持良好的排水性能，胎冠制有各种花纹，如图 1-39 所示。轮胎花纹按方向可分为横向花纹和纵向花纹。横向花纹耐磨性高，防纵向滑移性能好，不易夹石，但散热性能和防横向移动性能较差，滚动阻力较大。纵向花纹散热性能好、滚动阻力小、防横向滑移性能好，但防纵向滑移性能差，在泥泞路面和雨天行驶时，排水性能差，并且容易夹石。

帘布层是轮胎的骨架，采用的材料有棉线、人造丝、尼龙、聚酯纤维和钢丝等，尼龙、钢丝因强度高近年来已经成为帘布层的主要材料。为了保持外胎的形状和尺寸，使其具有足够的强度，帘布层由多层帘布用橡胶贴合而成，相邻的帘线交叉排列。

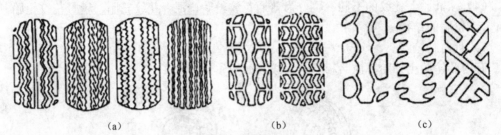

图 1-39　轮胎胎面花纹

（a）普通花纹；（b）混合花纹；（c）越野花纹。

缓冲层是夹在胎体与胎面之间的纤维层，用来增强胎体与胎面的附着力，同时减弱路面传至胎体的振动。

胎圈由轮胎固定边缘上各层侧面缠绕的坚固钢丝组成，主要防止施加在轮胎上的各种作用力扯开轮辋。轮胎内的加压空气迫使轮胎边缘胀紧在轮辋边沿，使其牢固定位。

（2）内胎。内胎是装入外胎内部的一个环形橡胶管，外表面很光滑，上面装有气门嘴，以便充气。

（3）垫带。垫带是一个环形橡胶带，它垫在内胎和轮辋之间，保护内胎不被轮辋和胎圈磨损。

2）无内胎轮胎

无内胎轮胎没有内胎和垫带，充入轮胎的气体直接压入无内胎的轮胎中，要求轮胎与轮辋之间有良好的密封性，其结构如图 1-40 所示。当前，无内胎轮胎已经在轿车轮胎中占据垄断地位，使用率接近 100%。但多数大货车、大客车及特种车辆通常仍采用有内胎轮胎。

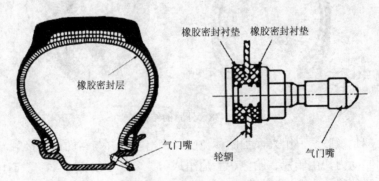

图 1-40　无内胎轮胎结构

无内胎轮胎与有内胎轮胎在外观上比较相似，但无内胎轮胎的外胎内壁上附加了一层厚 2mm～3mm 的橡胶密封层，用来密封高压气体。橡胶密封层是用硫化的方法粘附上去的。有些轮胎还在橡胶密封层正对着胎面下面贴着一层用未硫化橡胶的特殊化合物制成的自粘层，当轮胎被扎孔时，自粘层能自行将刺穿的孔粘合，防止漏气或减缓漏气。

无内胎轮胎的气门嘴直接固定在轮辋上，并用橡胶密封衬垫垫在气门嘴和轮辋之间以起到密封作用。

无内胎轮胎的主要优点如下。

（1）轮胎穿孔后，漏气缓慢，所以压力不会急剧下降，汽车能继续行驶一段距离。

（2）无内胎轮胎不会出现因内、外胎之间的摩擦而引起磨损。

（3）无内胎轮胎的气密性好，且可以直接通过轮辋散热，所以工作温度低，适于高速行驶，使用寿命长。

（4）结构简单、质量较小。

3. 普通斜交胎和子午线胎

轮胎按胎体中帘线的排列方向的不同，可以分为普通斜交胎和子午线胎两种，如图1-41所示。

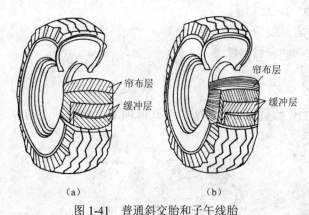

帘布层

缓冲层

帘布层

缓冲层

（a）　　　　　（b）

图1-41　普通斜交胎和子午线胎

（a）普通斜交胎；（b）子午线胎。

1）普通斜交胎

普通斜交胎的帘布层和缓冲层各相邻层的帘线按一定角度交叉布置，是一种老式结构的轮胎，因其质量大，增加油耗，现在已经基本不再使用。

2）子午线胎

子午线胎的的帘布层与胎面中心线呈90°角或接近90°角排列，以带束层箍紧胎体。其帘布层帘线排列的方向与轮胎的子午断面一致，很像地球上的子午线，故称为子午线轮胎，如图1-42所示。

（1）子午线轮胎的优点。与普通斜交轮胎相比，子午线轮胎具有以下优点。

① 滚动阻力小，减小油耗。由于有带束层，轮胎着地后胎冠切向变形及相对滑移比普通斜交胎要小很多，且子午线胎胎侧薄，径向变形恢复快。

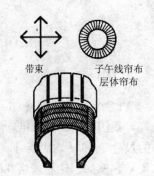

带束　　子午线帘布层体帘布

图1-42　子午线轮胎的结构

这两个特点有利于减少轮胎胎体内部摩擦。降低滚动阻力。试验证明，子午线轮胎的滚动阻力比普通斜交胎小 20%～30%，可节约燃料 5%～10%。

② 耐磨性好，使用寿命长。车轮滚动时，轮胎着地弧面既变形，又滑移，变形促使滑移，滑移又加剧胎面磨损。由于子午线轮胎胎冠刚度大、变形小，几乎没有滑移，此外胎冠接地面积大，单位压力小并且均匀，所以使胎面磨损减小。试验证明，子午线轮胎的使用寿命比普通斜交轮胎提高 30%～40%。

③ 弹性大，缓冲效果好。由于子午线轮胎帘线呈径向排列，所以车轮转动时，轮胎垂直于地面的变形比斜交轮胎大，胎体柔软、弹性好，所以提高了汽车行驶的平顺性。

④ 抗刺能力强。子午线轮胎因有坚硬的带束层，增强了胎冠的抗刺能力，减少了轮胎爆胎的危险，提高了行驶的安全性。

⑤ 附着力大。子午线轮胎在行驶时接地面积较大，同时由于带束层的作用，按地压强分布较均匀，从而提高了附着力，减少了侧滑现象。

因为以上优点，子午线胎现在已经基本上取代了斜交胎，普遍应用于各类汽车。

（2）子午线轮胎的缺点如下。

① 胎侧较薄，容易裂口。

② 胎侧变形大，侧向稳定性差。

③ 成本高。

4. 轮胎的规格

轮胎的规格可用外胎直径 D、轮辋直径 d、断面宽 B 和断面高 H 的名义尺寸代号表示，如图 1-43 所示。

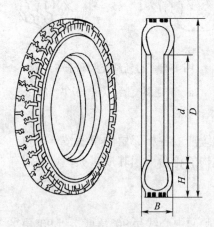

图 1-43　轮胎的规格表示方法

1）斜交轮胎规格

我国采用国际标准，斜交轮胎的规格用 B-d 表示，载货汽车斜交轮胎和轿车斜交轮胎的尺寸 B 和 d 均用英寸（in）作为单位，B 是轮胎名义断面宽度代号，d 是轮辋名义直径代号。例如，轮胎规格 9.00-20 表示轮胎名义断面宽度 9.00in，轮辋名义直径 20in。

2）子午线轮胎规格

以上海桑塔纳 2000GSi 轿车轮胎的规格 195/60 R 14 85 S 为例进行说明。

195 表示轮胎断面宽度为 195mm。60 表示扁平率（或高宽比）为 60%，扁平率指轮胎断面高度 H 与断面宽度 B 之比，目前国产轿车子午线轮胎按扁平率可分为 60、65、70、75、80 等 5 个系列。而进口轿车轮胎的扁平率则有 55 甚至于更低的，表明这类轮胎更加扁平。R 表示子午线轮胎，即"Radial"的第一个字母。14 表示轮胎内径 14in。85 表示荷重等级，即单条轮胎允许的最大载荷质量。荷重等级为 85 的轮胎的最大载荷质量为 515kg。常见的荷重等级及对应的最大载荷质量如表 1-6 所列。

表 1-6　荷重等级及对应的最大载荷质量

荷重等级	最大载荷质量/kg	荷重等级	最大载荷质量/kg
71	345	99	775
72	355	100	800
73	365	101	825
74	375	102	250
75	387	103	875
76	400	104	900
77	412	105	925
78	425	106	950
79	437	107	975
80	450	108	1000
81	462	109	1030
82	475	110	1060
83	487	111	1095
84	500	112	1129
85	515	113	1164
86	530	114	1200
87	545	115	1237
88	560	116	1275
89	580	117	1315
90	600	118	1355
91	615	119	1397
92	630	120	1440
93	650	121	1485
94	670	122	1531
95	690	126	1578
96	710	124	1627
97	730	125	1677
98	750		

S 表示轮胎的速度等级，表明轮胎不允许超过的最高行驶车速，具体数值如表 1-7 所列。

另外，在轮胎规格前加"P"表示轿车轮胎；在胎侧标有"REINFORCED"表示经强化处理，"RADIAL"表示子午线胎，"TUBELESS"（或 TL）表示无内胎轮胎，"M+S"

（Mud And Snow）表示适于泥地和雪地，"→"表示轮胎旋向，不可装反。

表 1-7　轮胎速度等级

速度标志	速度/（km/h）	速度标志	速度/（km/h）	速度标志	速度/（km/h）
A1	5	C	60	N	140
A2	10	D	65	P	150
A3	15	E	70	Q	160
A4	20	F	80	R	170
A5	25	G	90	S	180
A6	30	J	100	T	190
A7	35	K	110	U	200
A8	40	L	120	H	210
B	50	M	130	V	240

国产子午线轮胎规格用 BRd 表示，其中 R 代表子午线轮胎（即 "Radial" 的第一个字母）。国产轿车子午线轮胎断面宽 B 已全部改用公制单位 mm。载货汽车轮胎断面宽度有英制单位 in 和公制单位 mm 两种；而轮辋直径 d 的单位仍用 in。

随着轮胎的扁平化，仅用断面宽度 B 和轮辋直径 d 已不能完全表示轮胎的规格，即在断面宽 B 相同的情况下，断面高 H 随不同扁平率而变化。轮胎按其扁平率（高宽比）划分系列，目前国产轿车子午线轮胎有 80、75、70、65、60 共 5 个系列，数字分别表示断面高 H 是断面宽 B 的 80%、75%、70%、65% 和 60%。显然，数字越小，胎越矮，即轮胎越扁平。子午线轮胎规格示例如图 1-44 所示。

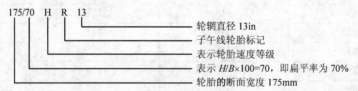

图 1-44　子午线轮胎规格含义示例

3）无内胎轮胎规格

根据国标 GB 2977—89 规定，载货汽车普通子午线无内胎轮胎规格用 BRd 表示。有些子午线轮胎在规格中加 "TL" 标志。例如：轮胎 195/70 SR 14 TL 表示轮胎的断面宽度为 195mm，扁平率为 70%，即 $H/B \times 100 = 70$，轮胎速度等级为 S 级，子午线轮胎，轮辋直径为 14in，最后 "TL" 表示无内胎轮胎。

5. 轮胎的速度等级

汽车性能的提高要求轮胎的速度性能和汽车的最高速度相匹配，为此，需要表明轮胎的速度等级，如表 1-7 所列。该表规定的速度等级代号既适用于轿车轮胎，也适用于货车轮胎，但是含义不完全相同。对于轿车轮胎（P 到 S 级），是指不许超过的最高速度；对于货车轮胎（F 到 N 级），是指随负荷降低可以超过的参考速度。

根据国标 GB 2978—89 规定，我国轿车轮胎采用表中速度标志符号及对应的最高行驶速度。同时还要求对于不同轮辋直径的轮胎，最高行驶速度应符合表 1-7 的规定。例如，桑塔纳 2000 轿车子午线轮胎 195/60 R 14 85 S，规格中的 H 即表示速度等级为 S，允许最高行驶速度为 180km/h。

6. 轮胎的负荷能力

轮胎的负荷能力是指在一定行驶速度和相应充气压力时的最大载质量。它的表示方法有以下几种。

1）以"负荷指数"表示

这是目前国际上子午线轮胎普遍采用的表示方法，以数字标记在轮胎侧面。例如，在轮胎胎侧上标为 9.00 R 20 140 137，表示单胎负荷指数为 140，相当于载质量 2500kg，双胎负荷指数为 137，相当于载质量为 2300kg。"负荷指数"直接代表载质量，可以在轮胎上同时标明单胎和双胎的"负荷指数"。

2）以"层级"（PR）表示

这是最早的表示方法。轮胎上表示的层级并不代表实际的帘线层数，只代表近似于棉帘线的层数。例如：9.00-20-14 层级全钢丝子午线轮胎，实际胎体钢丝帘线只有一层，但它的载质量却相当于 14 层棉帘线 9.00-20 斜交轮胎。负荷级别与帘线层数的对应如系如表1-8 所列。

表 1-8　负荷级数与帘线层数的对应关系

负荷级别	对应层数	负荷级别	对应层数	负荷级别	对应层数
A	2	E	10	J	18
B	4	F	12	L	20
C	6	G	14	M	22
D	8	H	16	N	24

7. 轮胎胎侧标志

根据国际上有关规定，为方便使用者维修与购买，在每条外胎两侧上必须标有规格、制造厂商和厂名（或地点）、标准轮辋、生产编号、骨架材料及结构代号；轿车轮胎还须标有速度级别代号和胎面磨耗标志位置的符号；载重汽车轮胎还须标有层级；胎面花纹有行驶方向的，还须有行驶方向标志。图 1-45 所示为一条轮胎的胎侧标记及其含义。

三、轮胎维护和修理

车轮和轮胎的维护应结合车辆的维护强制执行。因为车轮和轮胎的维护以轮胎的维护侧重，所以这里将详述轮胎的维护。车辆分日常维护、一级维护和二级维护。轮胎维护的分级和周期与车辆维护相同。

1. 轮胎的日常维护

轮胎的日常维护包括出车前、行车中及收车后的检视，主要是检视轮胎气压和有无不正常磨损和损伤，并及时消除造成不正常磨损和损伤的因素。

ECE 检验编号（按照 ECE 标准经过型式验证的部件）

轮胎标记的含义

胎面花纹磨损标记（TWI：表示法律规定的最小花纹深度 1.6mm）

制造年份和周（404=1994 年第 40 周）

表示胎体和带束结构

最大承载能力 最大允许充气压力（负荷指数）（仅适用于美国）

制造国家

轮胎宽度（175mm）

"DOT"：美国运输部，证明满足美国和加拿大法规要求

数字 70：$\dfrac{\text{轮胎横截面高度}}{\text{轮胎横截面宽度}} = 70\%$

结构形式：子午线轮胎

花纹名称

R：子午线轮胎

13in（轮辋直径）

UTQG 等级（仅适用于美国）

无内胎轮胎

负荷指数

速度等级符号（T）

制造商/品牌名称

有关按规定处置轮胎的安全提示

图 1-45　胎侧标记含义

1）出车前检视

主要检查项目有胎压是否正常，气门嘴是否漏气，气门帽是否齐全；车轮紧固螺母是否松动，轮胎是否与车身存在碰擦；千斤顶、车轮螺母扳手等随车工具是否齐全。

2）行驶中检视

行驶中可结合停车检查胎压是否正常，车轮是否松动，轮胎温度是否过高，轮胎是否有碰擦、异常磨损及损伤等。

3）收车后检视

收车后应注意检查的项目有停车场地应干燥，尤其不能停于大滩油污之上；胎压是否正常；轮胎花纹内是否夹石子或其他杂物，若有应挖出；车轮是否有松动；轮胎是否有异常磨损或损伤；若途中换用备胎，应及时送修或更换损坏轮胎。

2．轮胎的一级维护

（1）紧固轮胎螺母，检查气门嘴是否漏气、气门帽是否齐全，如发现损坏或缺少应立即修理或补齐。

（2）挖出轮胎夹石和花纹中的石子、杂物，如有较深伤洞，应用生胶填塞。特别是子午线胎，刺伤后若不及时修补，水气进入胎体锈蚀钢丝帘线，造成早期损坏。

（3）检查轮胎磨损情况，如有不正常磨损或起鼓、变形等现象，应查找原因，予以排除。

（4）如需检查外胎内部，应拆卸解体，如有损伤应及时修补。

（5）检查轮胎搭配和轮辋、挡圈、锁圈是否正常。

（6）检查轮胎（包括备胎）气压，并按标准补足。

（7）检查轮胎有无与其他机件刮碰现象，备胎架是否完好、紧固，如不符合要求，应予排除。

（8）必要时（如单边偏磨严重）应进行一次轮胎换位，以保持胎面花纹磨耗均匀。

完成上述作业后应填写维护记录。

3．轮胎的二级维护

除执行一级维护的各项作业外，还应进行下列项目。

（1）拆卸轮胎，按轮胎标准测量胎面花纹磨耗、周长及断面宽的变化，作为换位和搭配的依据。

（2）轮胎解体检查。

①　胎冠、胎肩、胎侧及胎内有无内伤、脱层、起鼓和变形等现象。

②　内胎、垫带有无咬伤、折皱现象，气门嘴、气门芯是否完好。

③　轮辋、挡圈和锁圈有无变形、锈蚀，并视情况涂漆。

④　轮辋螺栓承孔有无过度磨损或损裂现象。

（3）排除解体检查所发现的故障后，进行装合和充气。

（4）高速车应进行轮胎的动平衡试验。

（5）按规定进行轮胎换位。

（6）发现轮胎有不正常的磨损或损坏，应查明原因，予以排除。

完成上述作业后应填写维护记录。

4．轮胎维护操作要点

（1）轮胎充气应按照该型汽车使用说明书上规定的标准气压执行，并在冷态时用气压表测量，若在热态时测量，应略高于标准气压，取适当的修正值。气压表应定期校准，以保证读数准确。

（2）轮胎装好后，先充入少量空气，待内胎充气伸展后再继续充至要求气压。

（3）充气前应检查气门芯与气门嘴是否配合平整，并擦净灰尘。充气后应检查是否漏气，并将气门帽装紧。

（4）充入的空气不得含有水分和油雾。

（5）充气时应注意安全防护，充气开始时用手锤轻击锁圈，使其平稳嵌入轮辋圈槽内，以防锁圈跳出。

四、车轮换位

按时进行车轮换位可使轮胎磨损均匀，约可延长 20%的使用寿命，车轮换位可利用车辆保养时机进行。厂家一般推荐每行驶 8000km～10000km 进行一次车轮换位。当左、右轮胎或前、后轮胎磨损差别较大时，可考虑提前进行车轮换位。

轮胎换位方法常用的有交叉换位法、循环换位法和单边换位法，如图 1-46 和图 1-47 所示。装有普通斜交轮胎的六轮二桥汽车常用图 1-46 中的交叉换位法，具体做法是左右两交叉，主胎（后内）换前胎，前胎换帮胎（后外）、帮胎换主胎。这样，通过 3 次换位每只轮胎就可轮到一次担负内档（主力）胎。

四轮二桥汽车中，斜交胎也可采用交叉换位法，如图 1-47（a）所示。子午线胎宜用单边换位法，如图 1-47（b）所示。

采用钢丝帘线的子午线轮胎在长期使用后，其钢丝帘线的预应力方向确定，轮胎的旋转方向应保持不变。若反向旋转，会因钢丝帘线反向变形产生振动，汽车平顺性变差。所以，采用钢丝帘线的子午线胎最好采用单边换位法。

轮胎换位后，应按所换的胎位要求，重新调整气压。

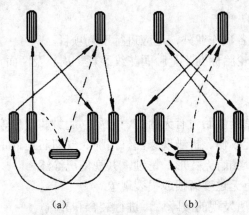

（a） （b）

图 1-46　六轮二桥汽车车轮换位法

（a）循环换位；（b）交叉换位。

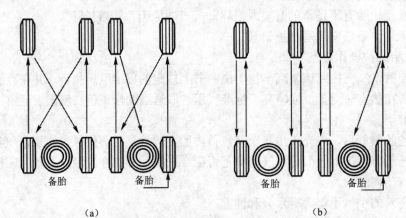

（a） （b）

图 1-47　四轮二桥汽车车轮换位法

（a）交叉换位；（b）单边换位。

【知识链接】

一、轮胎品牌及其标志

1. 国外轮胎品牌

序号	品牌	产地	品牌标志
1	米其林 Michelin	法国	MICHELIN
2	普利斯通 Bridgestone	日本	BRIDGESTONE
3	固特异 Goodyear	美国	GOOD YEAR
4	马牌 Continental	德国	Continental

（续）

序号	品牌	产地	品牌标志
5	倍耐力 Pirelli	意大利	PIRELLI
6	邓禄普（住友）Dunlop	英国（日本）	DUNLOP
7	横滨	日本	YOKOHAMA TIRES
8	库珀 Coopertires	美国	COOPER TIRES
9	韩泰 Hankook	韩国	HANKOOK
10	东洋 Toyotires	日本	TOYO TIRES
11	锦湖 Kumho	韩国	KUMHO 锦湖轮胎
12	佳通 Gititire	日本	GiTi TIRE

目前，许多国际大品牌轮胎公司都已在中国设立了一到几个生产基地，如米其林海南生产基地，邓禄普常熟、长沙生产基地，库珀山东成山生产基地，锦湖（韩国轮胎品牌）南京、天津生产基地等。国内市场上销售的国际品牌轮胎多数并非原装进口，而是国内生产的。

对于原装进口的轮胎来说，米其林、邓禄普（英国产）、倍耐力和马牌轮胎性能最为优异，广泛为奔驰、宝马、沃尔沃及一些赛车所采用。固特异、普利斯通、横滨轮胎则次之，但近几年普利斯通轮胎发展迅猛，年销售额于 2007 年赶超法国米其林成为世界第一，并成功取代米其林成为 F1 赛事 2007 年—2010 年单一轮胎供应商。日本东洋、佳通及韩国韩泰、锦湖等品牌则属于比较低档的产品，其性能较以上轮胎有很大差异。

2．国内轮胎品牌

目前国内主要轮胎品牌有三角、回力、玲珑、万力、京轮、朝阳、双钱等，基本上还属于廉价低档轮胎。

二、轮胎使用注意事项

驾驶员是轮胎的直接使用者，轮胎使用情况的好坏和行驶里程的长短与驾驶汽车是否得当、操作是否正确有直接的关系。因此在驾驶汽车时，应注意以下几个方面。

1．忌起步过猛

汽车起步过猛，容易使轮胎的周向变形增大，胎面产生滑转，磨损剧烈。特别是寒冷地区，橡胶的脆性增大、弹性降低，因此，在起步时要缓抬离合器，使汽车自然平稳地开动，在最初 20km～30km 行程内，车速应控制在 10km/h 以内，使轮胎温度上升后再正常行驶。如果在冰雪地上停驶了一段时间，轮胎接地部分可能被冻结，在起步时应特别小心，以防胎面被撕裂或造成胎面与胎体脱层。

2．忌紧急制动

汽车行驶中频繁地加速、减速，会加快轮胎的磨损。如果常使用紧急制动，磨损更加严重。特别是满载、高速行驶的汽车，在紧急制动时，轮胎会停止滚动而拖滑，使局部胎面剧烈磨损，同时由于周向变形过猛过大，可能造成胎面与胎体脱层。因此，在转弯、下坡、通过交叉路和情况比较复杂的路段时，要减速慢行，以避免紧急制动，防止造成轮胎不应有的磨损。

3．忌过高高速行车

高速行驶时，轮胎承受的冲击负荷、离心力以及单位时间内与地面接触的次数明显增加，致使轮胎变形频繁，内部摩擦与地面摩擦加剧，温度大大升高，这不仅加速胎面的磨损，而且会引起胎体帘布层脱层和爆破等损伤。如果汽车在高速行驶时转弯，轮胎会在侧向力的作用下发生侧滑，使胎侧弯曲变形过大，加速胎面磨损。因此，在一般情况下应坚持中速行驶，注意正确操作，以防汽车和轮胎的损坏，避免行车事故。

4．忌道路选择不当

汽车在各种道路条件下行驶都会给轮胎带来磨损，但不同的路面对轮胎酌磨损程度大不相同。例如：

（1）在良好的路面上行驶，应尽量保持直线行驶，防止左右摇摆和急转弯，避免轮胎和轮辋之间受到横向的切割力和损伤轮胎。

（2）汽车过摆渡上船时，应防止跳板啃伤轮胎，下船时应防止溜滑。

（3）会车或靠边行车时，应减速，并观察注意路旁的电线杆、树木、阶石或其他尖锐障碍物，防止轮胎擦伤。

（4）在凹凸不平的路面上行车时，应选择较平路面，减速缓行，以减轻轮胎与地面的碰击，防止单胎起载，引起轮胎损伤或爆破。

（5）在公路维修施工地段行车时，应低速缓行通过，不可高速猛冲，避免轮胎被刺伤划破。

（6）通过泥泞地段时，应选择较坚实、滑溜量小的地方通过。当车轮打滑时，不要猛踩油门，而应挖低路面或顶起打滑车轮，垫上石块、木板或树枝等，再缓缓驶出；否则，会因轮胎高速滑转产生高热，造成胎面及胎侧严重割伤、划伤，甚至于剥落掉块。

（7）汽车通过河沟水道时，要注意河沟深度、观察水中浪花、避免石头撞伤轮胎，通过河沟后须停车检查后胎是否有夹石。

（8）汽车进入工地或货场时，应注意场地设备运转情况和场地上的枕木、木料或铁器、铁钉、碎石、缆绳等障碍物；在钢铁厂应注意热灰、热渣、热铁等；在化工厂应注意化工原料或油脂腐蚀轮胎。待机车驶出后应停车检查轮胎情况，及时清除嵌入物及油污，必要时进行清洗。

【思考与练习题】

一、填空题

1. 当前轿车通常采用_____式（普通斜交、子午线）轮胎，且一般是_____（有、无）内胎轮胎。

2. 车轮一般由轮毂、_____和_____组成。

3. 轮胎根据帘布层中帘线的排列方向可分为_____和_____两种；根据胎面花纹可分为_____、_____和_____3种。

4. 轮胎规格 205/70HR15，其中 205 表示_____，70 表示_____，H 表示_____，R 表示_____，15 表示_____。

5. 轮胎的维护分为_____、_____和_____3种。

二、判断题

1. 扒胎机在扒胎和装胎时转向相反。（ ）

2. 在进行车轮换位时，子午线轮胎一般采用单边换位法。（ ）

3. 车轮在装配后可不经过平衡试验和调整直接使用。（ ）

4. 无内胎的充气轮胎如被钉子刺破后，内部空气不会立即泄掉。（ ）

5. 车轮产生偏磨将破坏车轮动平衡。（ ）

6. 轮胎异常磨损的磨损形式与车轮前束不正确形式无关。（ ）

7. 子午线轮胎的胎侧部分比较柔软，所以轮胎的侧偏刚度也较低。（ ）

8. 为了使轮胎磨损均匀，子午线轮胎的换位应按照左右交叉换位的规范进行。（ ）

9. "子午线胎虽比普通斜交胎"有较大的滚动阻力，但它抗磨能力强、耐冲击性能好，故子午线轮胎仍得到广泛的使用。（ ）

三、单选题

1. 以下哪项不属于车轮组件？（ ）
   A. 轮胎　　　　　　　　　　　B. 轮辋
   C. 轮鼓　　　　　　　　　　　D. 轮毂

2. 在进行车轮定位作业之前，下列哪项可以不作检查？（ ）
   A. 轮胎气压　　　　　　　　　B. 轮胎的动平衡状况
   C. 轮胎的表面技术状况　　　　D. 车轮轴承调整

3. 下列哪项会引起胎面中央磨损？（ ）
   A. 末按规定进行轮胎换位　　　B. 车轮外倾角不正确
   C. 轮胎充气压力过低　　　　　D. 轮胎充气压力过高

4. 汽车行驶中，引起车轮左右摆振的原因是下列哪项？（ ）
   A. 轮胎径向圆跳动　　　　　　B. 轮胎端面圆跳动
   C. 车轮静不平衡　　　　　　　D. 车轮动不平衡

5. 下列选项中，（ ）不是汽车充气轮胎胎体中帘线排列方向的排列形式。
   A. 子午线　　　　　　　　　　B. 带束斜交
   C. 45°斜交　　　　　　　　　 D. 普通斜交

6. 对于两转向车轮胎冠花纹的内侧同时出现异常磨损，以下正确的判断是（ ）。

  A．车轮外倾角过大   B．前束值过大

  C．主销内倾角过小   D．前束值过小

7．两转向车轮胎冠花纹的外侧同时出现异常磨损，是因为（　　　）。

  A．前束值过小   B．车轮外倾角为负值

  C．主销内倾角过大   D．前束值过大

8．轮胎长期气压过低会导致（　　　）。

  A．胎冠两侧磨损   B．胎冠中间磨损

  C．胎侧磨损   D．胎冠羽状磨损

9．一辆用作出租车的桑塔纳 2000 轿车需要更换轮胎，最适合的品牌是（　　　）。

  A．马牌   B．米其林

  C．锦湖   D．三角

10．以下哪种情况轮胎还可以进行修复？（　　　）

  A．胎侧裂口   B．鼓包

  C．扎钉   D．胎面花纹磨平

四、简答题

1．写出轮胎型号 205/55 R 16 91 T 的含义，简要说明轮胎日常维护的作业项目。

2．何谓车轮动平衡？车轮动平衡不佳会造成哪些不良后果？

3．试说明轮胎哪些情况下需修补，哪些情况下需更换。

4．轮胎有哪些失效形式？各需如何处理？

五、分析题

试列举轮胎异常磨损的类型并对其原因进行分析。

项目二

普通悬架系统检修

【项目描述】

一辆桑塔纳 2000 轿车行驶中颠簸严重，路面不平时更为明显，由对此故障的诊断与排除引出本项目。本项目需完成的任务有悬架系统外观检查、拆卸前悬架系统、检查悬架系统主要部件及安装悬架系统。

【知识目标】

（1）掌握普通悬架系统的组成、功用及类型。
（2）掌握弹性元件的类型、结构及工作原理。
（3）掌握减振器的类型、结构及工作原理。

【技能目标】

（1）能够正确拆装普通悬架系统。
（2）能够正确检查并判断弹性元件、减振器的性能。
（3）能够正确检查并判断悬架平面轴承、橡胶限位块、导向元件等零件的性能。
（4）能够正确分析并排除普通悬架常见故障。

↗ 任务一　悬架系统外观检查

【任务描述】

本任务对桑塔纳 2000 轿车悬架系统外观进行检查，以迅速判断悬架系统有无部件损坏及悬架系统的性能。

【任务分析】

悬架系统性能的好坏会直接影响到汽车的舒适性及行驶安全性，通过外观检查能够在不解体的前提下迅速判断悬架系统的性能并初步判断悬架系统一些部件是否损坏。

本任务需要以下工具、设备：桑塔纳 2000 GP II 轿车整车、举升机。

【任务实施】

一、悬架就车测试

1. 目测车辆倾斜情况

将车辆停放在水平地面上，保证车辆空载，仔细观察车辆是否倾斜，如图 2-1 所示。

图 2-1　观察车辆是否倾斜

2. 检查车辆减振效果

将车头、车尾用力按下，如图 2-2 所示，若松手后回弹 1 次～2 次，车身即停止跳动，且左右两侧的回弹次数相同，则表明减振器正常。

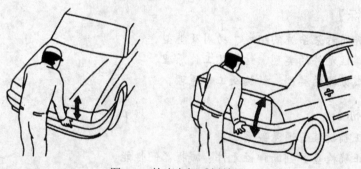

图 2-2　检查车辆减振效果

二、前悬架外观检查

1. 用举升机举升车辆

用双柱式举升机将车辆举升至头顶以上位置。

2. 减振器和螺旋弹簧的外观检查

参见图 2-3，检查以下部位是否出现故障。

（1）检查减振器，如发现有渗油或漏油现象，则必须更换减振器。

（2）检查减振器上、下安装点是否有松动。

（3）检查减振器是否活塞杆有弯曲。

（4）检查橡胶防尘套和缓冲块（限位块）是否破裂或老化。

（5）检查弹簧保护漆层是否有腐蚀、刮伤、划痕或麻点现象。

（6）检查弹簧座圈上的橡胶垫是否有老化、变形或损坏。

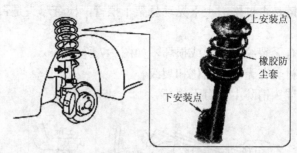

图 2-3　减振器和螺旋弹簧的外观检查

3. 稳定杆铰接头和稳定杆衬套检查

如图 2-4 所示，举起车辆，将前悬架放下时，观察**稳定杆**支承处拉杆是否移位和有无间隙、**衬套**是否有老化或裂痕。

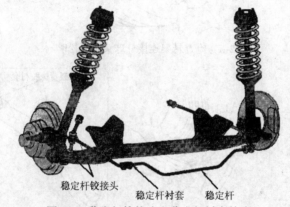

图 2-4　稳定杆铰接头和稳定杆衬套检查

4. 前悬架横梁、中间梁与车身连接检查

如图 2-5 所示，检查前悬架横梁与车身之间、中间梁与车身之间的连接螺栓是否松动。

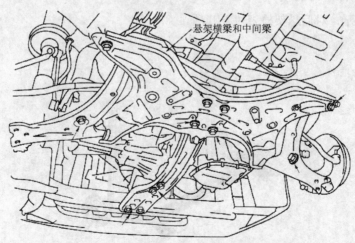

图 2-5　前悬架横梁、中间梁与车身连接检查

5．悬架臂橡胶衬套与球头铰链检查

（1）检查球头铰链是否过松，上下晃动悬架下摆臂，检查球头是否有游隙，如图 2-6 所示。

（2）检查悬架臂有无裂纹、变形或损坏，如图2-7所示。

（3）检查悬架臂衬套有无破损老化和裂纹。

（4）检查悬架臂球头销防尘罩有无损坏。

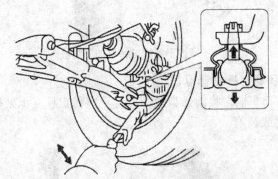

图2-6　检查悬架连接杆球头是否松旷

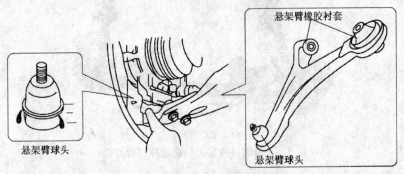

图2-7　悬架臂橡胶衬套与球头检查

三、后悬架外观检查

如图2-8所示，对后悬架检查以下几项。

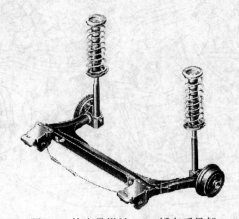

图2-8　检查桑塔纳2000轿车后悬架

（1）检查减振器有无渗油或漏油情况。

（2）检查减振器上、下安装点的松动情况。

（3）检查后减振器外壳损坏情况。

（4）检查橡胶防尘套和缓冲块的工作情况。

（5）检查弹簧保护漆层是否有腐蚀、划痕及麻点。

（6）检查弹簧座圈上的橡胶垫是否有老化、变形或破裂现象。

（7）检查后悬架安装支座是否损坏。

任务二　拆卸前悬架系统

【任务描述】

将桑塔纳 2000 轿车前悬架总成从汽车上拆卸下来，并将其分解，使减振器、弹簧、悬架轴承、悬架臂及**球头铰链**等部件分离出来。

【任务分析】

通过悬架外观检查确定悬架性能不佳，找到损坏部件需要更换，或者并未确定损坏部件，需进一步查找的情况下，需要对悬架系统进行拆卸。

本任务需要以下工具、设备：桑塔纳 2000GP Ⅱ 轿车整车、举升机、常用工具、桑塔纳轿车专用维修工具。

【任务实施】

一、拆卸前滑柱总成

桑塔纳 2000 轿车前滑柱总成的拆卸步骤如下。

（1）取下车轮装饰罩，旋下轮毂与传动轴的紧固螺母，如图 2-9 箭头所示。接下来松动车轮螺栓，用举升机举起车辆，旋下车轮螺栓，取下车轮。

（2）旋下 ABS 传感头，如图 2-10 箭头所示。

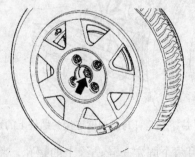
图 2-9　旋下轮毂与传动轴的紧固螺母

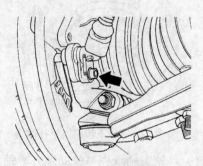
图 2-10　ABS 传感头

（3）旋下制动钳壳体上、下定位螺栓，如图 2-11 箭头所示。

（4）取下制动软管固定支架，并用铁丝将制动钳浮钳固定在车身上，如图 2-12 箭头所示。

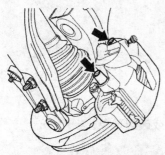

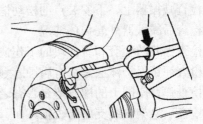

图2-11　制动钳定位螺栓　　　　　图2-12　制动钳软管固定支架

（5）取下制动块。

（6）旋下制动钳支架紧固螺母，如图2-13箭头所示。

（7）拆掉悬架轮毂轴承上的紧固螺栓，如图2-14箭头所示。

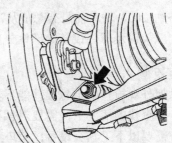

图2-13　制动钳支架紧固螺母　　　图2-14　轮毂轴承上的紧固螺栓

（8）压下转向横拉杆球头，如图2-15所示。

（9）拆下横向稳定器的紧固螺栓（拧紧力矩25N·m），如图2-14所示。

（10）拆下传动轴与轮毂的固定螺母，压下前悬架臂球头，旋下传动轴的紧固螺母，如图2-16所示。

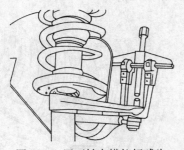

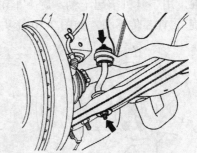

图2-15　压下转向横拉杆球头　　　图2-16　旋下稳定杆与悬架臂连接的螺杆上的螺母

（11）将轮毂轴承壳与传动轴外半轴分离。利用两个固定车轮凸缘上的螺孔，将压力装置V.A.G1389固定在轮毂上，用压力装置从轮毂中拉出传动轴，如图2-17所示，然后卸下压力装置。

（12）打开引擎盖，取下悬架支柱的橡胶盖，如图2-18箭头所示。

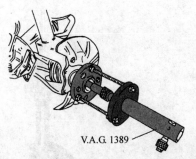

图 2-17 用压力装置从轮毂中拉出传动轴

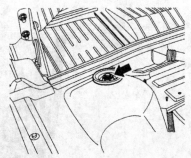

图 2-18 悬架支柱的橡胶盖

（13）支撑减振器支柱下部。用内六角扳手阻止活塞杆的转动，用专用工具 3078（梅花扳手也可以）旋下减振器活塞杆**螺母**，如图 2-19 所示。

（14）从车上取下前滑柱总成。

二、分解前滑柱总成

桑塔纳 2000 轿车前滑柱总成的分解步骤如下。

（1）将前滑柱总成固定到专用工具 V.A.G1403 上，并用 V.A.G1403 压住弹簧护圈，如图 2-20 所示。

💡 **注意**：若没有 V.A.G1403，可将前滑柱总成垂直装夹于台虎钳上，使用通用弹簧夹压缩悬架弹簧。应使用质量好的弹簧夹，如世达牌弹簧夹，以提高安全性。

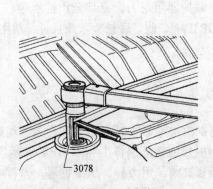

图 2-19 旋下活塞杆**螺母**

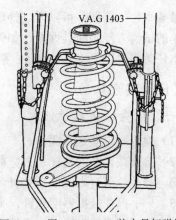

图 2-20 用 V.A.G1403 装夹悬架弹簧

（2）用 V.A.G1403 压缩悬架弹簧，直至开槽螺母与悬挂支柱轴轴承座脱离接触。

（3）用专用工具 VW524 阻止活塞杆转动，用开口扳手松开开槽**螺母**，如图 2-21 所示。

（4）平稳地放松 V.A.G1403，使悬架弹簧压力完全释放。

（5）将前滑柱总成的悬挂支柱轴轴承、轴承座、悬架弹簧、防尘套、橡胶限位块等部件分别取出并放好。

（6）用专用工具**旋下螺母盖**，如图 2-22 所示，将减振器从滑柱管内抽出。

至此，前滑柱总成分解完毕。

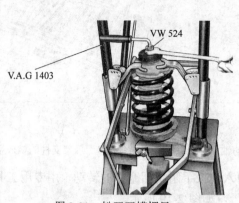

图 2-21　松开开槽螺母　　　　图 2-22　前滑柱螺母盖

任务三　检查悬架系统主要零件性能

【任务描述】

对桑塔纳 2000 轿车悬架系统的减振器、弹簧、悬架轴承、悬架臂及**球头铰链**、防尘套、限位缓冲块等部件进行逐项检查，**判断**其是否损坏及是否需要更换新件。

【任务分析】

悬架系统一些部件可以通过外观检查直接**判断**其性能好坏，有些部件则需要经过**测量**或简单的试验方能**判断**其性能，如弹簧的弹性、减振器阻尼力、悬架轴承性能等。

本任务需要以下工具、设备：桑塔纳 2000 GP II 轿车前、后悬架系统部件，常用工具。

【任务实施】

一、检查减振器性能

（1）检查减振器是否漏油。

（2）检查减振器活塞杆是否弯曲变形，可将钢板尺贴靠于减振器活塞杆上，观察是否有不均匀缝隙，若有则表明活塞杆弯曲变形。钢板尺应在活塞杆上相隔 90°贴靠两次。

（3）一手握住减振器活塞杆，另一手握住活塞缸筒，用力拉、压减振器，若有明显阻力，且拉伸减振器的阻力远大于压缩减振器的阻力，表明减振器减振性能良好。若拉、压阻力很小，表明减振器失去减振能力；若无法拉、压，表明减振器卡滞。

以上检查有一项不过关，则减振器需要更换。

二、检查悬架弹簧性能

（1）检查悬架弹簧表面状况，是否有裂纹、锈蚀等现象。

（2）**测量**左、右两侧悬架弹簧的自由长度，若其长度比标准长度缩短 5%以上，则表明其弹性已经严重下降，需更换。查阅维修资料，桑塔纳 2000 悬架弹簧标准长度为 410mm。

以上检查有一项不过关，则减振器需要更换。注意，即使只有一只弹簧不达标，也应同时更换两只弹簧，以保持车辆不倾斜及两侧悬架弹性相同。

三、检查悬挂支柱轴轴承性能

（1）用手转动轴承，听是否有异常响声，感觉运动是否平稳；若有异响或转动不平稳，表明轴承损坏。

（2）检查轴承轴向是否有明显松动。

以上检查有一项不过关，则悬挂支柱轴轴承需要更换。

四、检查防尘罩

检查防尘罩是否开裂、老化，若开裂或老化需更换。

五、检查限位缓冲块

检查限位缓冲块是否开裂、老化，若开裂或老化需更换。

任务四　安装悬架系统

【任务描述】

本任务将桑塔纳 2000 轿车前、后悬架系统部件装合后安装到车上，并判断悬架系统总体性能。

【任务分析】

悬架系统部件经过检查、更换新件后需要进行装合及装车，安装完毕后需要验证悬架系统的工作性能是否完好。

本任务需要以下工具、设备：桑塔纳 2000 GP II 轿车前、后悬架系统部件，常用工具。

【任务实施】

按照与拆卸相反顺序进行安装。安装时要注意以下事项。

（1）损坏的零部件应更换，不允许对前悬架总成进行焊接或整形处理。

（2）所有螺栓和螺母应按规定力矩拧紧，螺栓、螺母标准扭矩如图 2-23 所示。

（3）所有自锁螺母必须更换新件，自锁螺母如图 2-23 所示。

【相关知识】

一、悬架概述

1. 悬架的功用

悬架是车架（或车身）与车桥（或车轮）之间一切传力连接装置的总称，悬架具有如下的功用。

（1）连接车架（或车身）和车轮，将路面作用到车轮的各种力传给车架（或车身）。

（2）缓和冲击、衰减振动，使乘坐舒适，具有良好的平顺性。

（3）保证汽车具有良好的操纵稳定性。

第（2）、（3）项功用与弹性元件和减振器的性能有关，具体来说是与弹性元件的刚度和减振器的阻尼系数有关。只有悬架系统的软、硬合适才能使车辆乘坐舒适、操纵稳定。

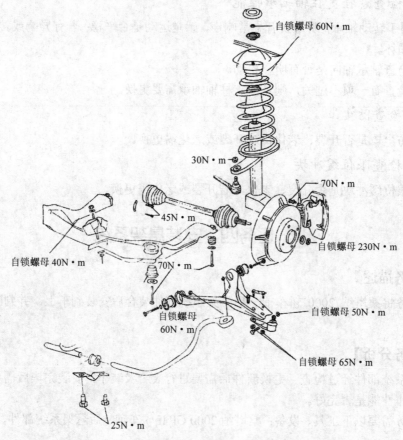

图 2-23　桑塔纳 2000 前悬架自锁螺母及螺母标准扭矩

2. 悬架的组成

现代汽车的悬架虽有不同的结构形式，但一般都由弹性元件、减振器、导向机构等组成，轿车一般还有横向稳定器。悬架的组成如图 2-24 所示。

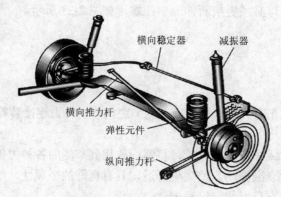

图 2-24　悬架的组成

弹性元件使车架（或车身）与车桥（或车轮）之间做弹性连接，可以缓和由于不平路面带来的冲击，并承受和传递垂直载荷。减振器可以衰减由于路面冲击产生的振动，使振动的振幅迅速减小。

导向机构包括纵向推力杆和横向推力杆，用于传递纵向载荷和横向载荷，并保证车轮相对于车架（或车身）的运动关系。

横向稳定器可以防止车身在转向等情况下发生过大的横向倾斜。

3. 悬架的类型

按照结构的不同，汽车悬架有非独立悬架和独立悬架两种类型，如图 2-25 所示。

非独立悬架的结构特点是两侧车轮安装在一根整体式车桥上，车轮和车桥一起通过弹性悬架悬挂在车架（或车身）下面，所以一侧车轮发生位置变化后会导致另一侧车轮的位置也发生变化。独立悬架的两侧车轮分别独立地与车架（或车身）弹性相连，与其配用的车桥为断开式车桥，所以两侧车轮的运动是相对独立、互不影响的。

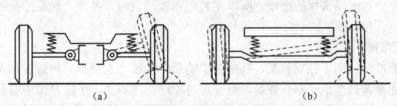

（a）　　　　　　　　　　　　（b）

图 2-25　非独立悬架与独立悬架示意图

（a）独立悬架；（b）非独立悬架。

二、弹性元件

汽车上常用的弹性元件包括钢板弹簧、螺旋弹簧、扭杆弹簧和气体弹簧等。

1. 钢板弹簧

钢板弹簧广泛应用于汽车的非独立悬架中，其构造如图 2-26 所示。

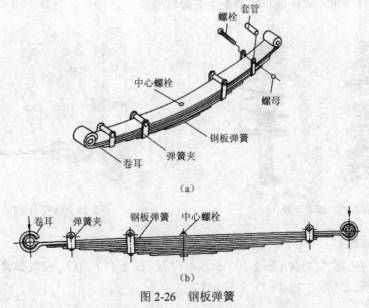

（a）

（b）

图 2-26　钢板弹簧

（a）对称式钢板弹簧；（b）非对称式钢板弹簧。

钢板弹簧由若干片长度不等的合金弹簧钢片叠加而成，构成一根近似等强度的弹性梁。最长的一片称为主片，其两端卷成卷耳，内装衬套，以便用弹簧销与固定在车架上的支架或吊耳作铰链连接。

各弹簧片用中心螺栓连接，并保证各片的相对位置。中心螺栓距两端卷耳中心的距离可以是相等的，称为对称式钢板弹簧，如图 2-26（a）所示；也可以是不相等的，称为非对称式钢板弹簧，如图 2-26（b）所示。

为了防止汽车在行驶过程中各弹簧片分开，在钢板弹簧上装有若干弹簧夹，以免主片独自承载。弹簧夹通过铆钉与最下片弹簧片相连，弹簧夹两边通过**螺栓**相连，**螺栓**上有套管，装配时要求螺母朝向轮胎，以免螺栓脱落时刮伤轮胎，甚至飞崩伤人。

钢板弹簧在载荷作用下变形时，各片之间会相对滑动而产生摩擦，这可以衰减车架的振动。但摩擦会加速弹簧片的磨损，所以在装配钢板弹簧时，各片之间要涂抹石墨润滑脂或装有塑料垫片以减磨。

2．螺旋弹簧

螺旋弹簧广泛应用于独立悬架，有些轿车的后轮非独立悬架也采用**螺旋弹簧**做弹性元件。由于**螺旋弹簧**只能承受垂直载荷，且变形时不产生摩擦力，所以悬架中必须装有减振器和导向机构。**螺旋弹簧**如图 2-27 所示，由特殊的弹簧钢棒卷制而成，可以制成圆柱形或圆锥形，也可以制成等**螺距**或不等**螺距**。圆柱形等**螺距螺旋弹簧**的刚度是不变的，圆锥形或不等**螺距螺旋弹簧**的刚度是可变的。

3．扭杆弹簧

扭杆弹簧是由弹簧钢制成的杆件，如图 2-28 和图 2-29 所示。扭杆的**断**面通常为圆形，少数为矩形或管形，其两端制成花键、方形、六角形等形状，以便一端固定在车架上，另一端固定在悬架的摆臂上。摆臂与车轮相**连**，当车轮跳动时，摆臂绕扭杆轴线摆动，使扭杆产生扭转弹性变形，以保证车轮与车架的弹性联系。

图 2-27　螺旋弹簧

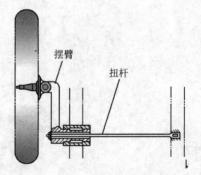

图 2-28　横向布置扭杆弹簧

4．气体弹簧

气体弹簧分为空气弹簧（图 2-30）和油气弹簧（图 2-31）两种。空气弹簧又有囊式（图 2-30（a））和膜式（图 2-30（b））两种形式。

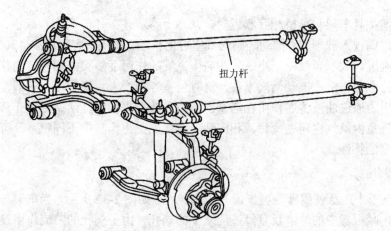

图 2-29 纵向布置扭杆弹簧

空气弹簧的结构、原理都很简单，下面仅介绍油气弹簧的结构、原理。油气弹簧的**球形室**固定在工作缸上，室的内腔用橡胶油气隔膜隔开，充入高压氮气的一侧为气室，与工作缸相通并充满油液的一侧为油室。工作缸内装有活塞、阻尼阀及其阀座。

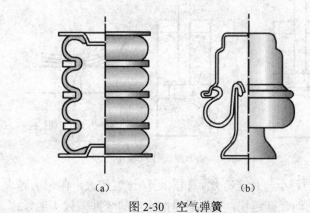

图 2-30 空气弹簧

（a）囊式空气弹簧；（b）膜式空气弹簧。

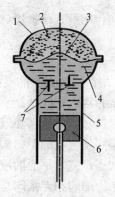

图 2-31 油气弹簧

1—球形室；2—气体；3—隔膜；4—油液；5—工作缸；6—活塞；7—阻尼阀。

当载荷增加且车架与车桥相互靠近时，活塞上移，使工作缸内容积减小、油压升高，油液顶开阻尼阀进入球形室，推动隔膜向气室方向移动，使气室容积减少，氮气压力升高，油气弹簧的刚度增大。当载荷减小时，在高压氮气的作用下隔膜向油室方向移动，室内油液经阻尼阀流回工作缸，推动活塞下移，这时气室容积增大，氮气压力下降，弹簧刚度减小。当氮气压力通过油液传递作用在活塞上的力与载荷平衡时，活塞便停止移动。随着载荷的变化，气室内氮气也随之变化，相应地，活塞处于工作缸中不同位置。可见，油气弹簧具有变刚度的特性。

三、减振器

目前，汽车中广泛使用液压减振器，其基本原理如图 2-32 所示，当车架与车桥做往复相对运动时，减振器中的油液反复经过活塞上的阀孔，由于阀孔的节流作用及油液分子间的内摩擦力便形成了衰减振动的阻尼力，使振动的能量转变为热能，并由油液和减振器壳体吸收，然后散到大气中。

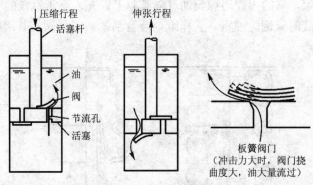

图 2-32　减振器工作原理示意图

阀门越大，阻尼力越小，反之亦然。相对运动速度越大，阻尼力越大，反之亦然。

阻尼力越大，振动的衰减越快，但悬架弹性元件的缓冲效果不能发挥，乘坐也不舒适，因此弹性元件的刚度与减振器的阻尼力要合理搭配，才能保证乘坐舒适性和操纵稳定性的要求。

目前汽车上应用最广泛的是双向作用筒式减振器。近年来，有些高档轿车采用充气式减振器。

1. 双向作用筒式减振器

图 2-33 所示为货车采用的双向作用筒式减振器的剖面图，它有 3 个同心钢筒，外面的钢筒是防尘罩，其上部的吊耳与车架相连；中间是储油缸筒，内装有一定量的油液，其下端的吊耳与车桥相连；里面是工作缸筒，其内装满油液。它还有 4 个阀，即压缩阀、伸张阀、流通阀和补偿阀。流通阀和补偿阀是一般的单向阀，其弹簧很软，当阀上的油压作用力与弹簧弹力同向时，阀处于关闭状态，完全不通油液；而当油压作用力与弹簧弹力反向时，只要很小的油压，阀便能开启。压缩阀和伸张阀是卸载阀，其弹簧较硬，只有当油压增高到一定程度时，阀才能开启；而当油压减低到一定程度时，阀即自行关闭。

双向作用筒式减振器的工作原理可用压缩和伸张两个行程加以说明。

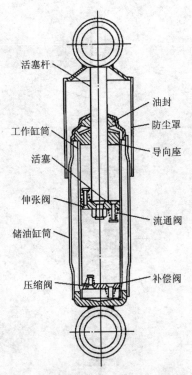

图 2-33 双向作用筒式减振器结构

1）压缩行程

当车桥移近车架（或车身）时，减振器受压缩，活塞下移，使其下方腔室容积减小，油压升高。具有一定压力的油液顶开流通阀进入活塞上方腔室。由于活塞杆占去上腔室的部分容积，使上腔室增加的容积小于下腔室减小的容积，因此还有一部分油液不能进入上腔室而只能压开压缩阀，流回储油缸筒。油液流经上述阀孔时，受到一定的节流阻力，为克服这种阻力而消耗了振动能量，使振动衰减。

2）伸张行程

当车桥相对远离车架（或车身）时，减振器受拉伸，活塞上移，使其上腔室油压升高。上腔室的油液便推开伸张阀流入下腔室。同样由于活塞杆的存在，上腔室减小的容积小于下腔室增力的容积，因而从上腔室流出来油液不足以充满下腔室所增加的容积，使下腔室产生一定的真空度，这时储油缸筒中的油液在真空度作用下推开补偿阀流进下腔室进行补充。

从上面的原理可以得知，这种减振器在压缩、伸张两个行程都能起减振作用，因此称为双向作用减振器。

2. 充气式减振器

充气式减振器如图 2-34 所示，其结构特点是在缸筒的下部装有一个浮动活塞，高压的氮气充在浮动活塞与缸筒一端形成的密闭气室里。在浮动活塞的上面是减振器油液。O 形密封圈将油和气完全分开，因此活塞也叫封气活塞。在工作活塞上装有压缩阀和伸张阀。这两个阀都是由一组厚度相同、直径不等、由大到小而排列的弹簧钢片组成的。

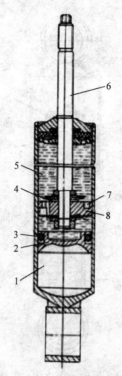

图 2-34　充气式减振器结构

1—密封气室；2—浮动活塞；3—O 形密封圈；4—压缩阀；5—工作缸；6—活塞杆；7—伸张阀；8—工作活塞。

当车轮上下跳动时，工作活塞在油液中作往复运动，使工作活塞的上、下腔之间产生油压差，压力油便推开压缩阀或伸张阀而来回流动。由于阀孔对压力油产生较大的阻尼力，使振动衰减。

四、非独立悬架

非独立悬架广泛应用于货车的前、后悬架和轿车的后悬架。按照采用弹性元件的不同，非独立悬架可以分为钢板弹簧式非独立悬架和**螺旋**弹簧式非独立悬架。

1. 钢板弹簧式

这种悬架的钢板弹簧一般纵向布置，所以也称为纵置板簧式非独立悬架。

图 2-35 所示为钢板弹簧式前悬架。钢板弹簧中部通过 U 形螺栓（骑马螺栓）固定在前桥上。钢板弹簧的前端卷耳用弹簧销与前支架相连，形成固定式**铰链**支点，起传力和导向作用；而后端卷耳则用吊耳销与可在车架上摆动的吊耳相**连**，形成摆动式**铰链**支点，从而保证了弹簧变形时两卷耳中心线间的距离有改变的可能。

减振器的上、下两个吊环通过橡胶衬套和连接销分别与车架上的上支架和车桥上的下支架相**连**接。盖板上装有橡胶缓冲块，以限制弹簧的最大变形，并防止弹簧直接碰撞车架。

图 2-36 所示为某中型货车后悬架，由主、副钢板弹簧叠合而成，其刚度是可变的，以适应装载质量的不同。

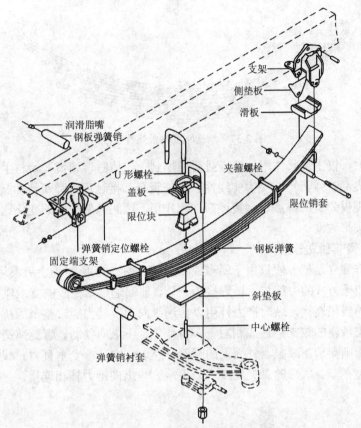

图 2-35　钢板弹簧式前悬架

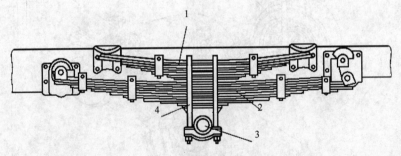

图 2-36　变刚度钢板弹簧悬架

1—副钢板弹簧；2—主钢板弹簧；3—车桥；4—U 形螺栓。

当汽车空载或实际装载质量不大时，副钢板弹簧不承受载荷而由主钢板弹簧单独工作。在重载或满载情况下，车架相对车桥下移，使车架上副簧滑板式支座与副簧接触，主、副簧共同参加工作，一起承受载荷而使悬架刚度增大，以保证车身振动频率不致因载荷增大而变化过大。

南京依维柯轻型货车的后悬架采用渐变刚度的钢板弹簧，如图 2-37 所示。主簧由 5 片较薄钢板弹簧片组成，副簧由 5 片较厚的弹簧片组成，它们用中心螺栓固定在一起，主簧在上，副簧在下。

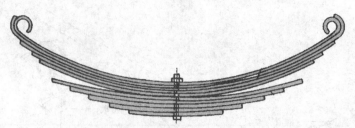

图 2-37　渐变刚度钢板弹簧悬架

在小载荷时，仅主簧起作用，而当载荷增加到一定值时，副簧开始与主簧接触，悬架刚度随之相应提高，弹簧特性变为非线性。当副簧全部接触后，弹簧特性又变为线性的。这种渐变刚度钢板弹簧的特点是副簧逐渐地起作用，因此悬架刚度的变化比较平稳，从而改善了汽车行驶平顺性。

2. 螺旋弹簧非独立悬架

螺旋弹簧非独立悬架一般只用于轿车的后悬架。图 2-38 所示为上海桑塔纳 2000 的后悬架。两根纵向推力杆的中部与后桥焊接为一体，前端通过带橡胶的支承座与车身作**铰链连接**，后端与轮毂相**连接**。纵向推力杆用以传递纵向力及其力矩。整个后桥、纵向推力杆及车轮可以绕支承座的**铰**支点**连线**相对于车身作上、下纵向摆动。螺旋弹簧的上端装在弹簧上座中，下端则支承在减振器外壳上的弹簧下座上，它只承受垂直力。减振器的上端与弹簧上座一起装在车身底部的悬架支座中，下端则与纵向推力杆相**连接**。

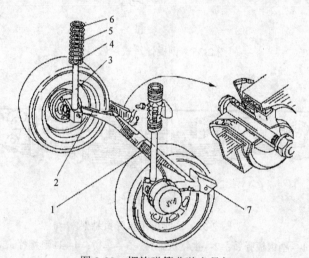

图 2-38　螺旋弹簧非独立悬架

1—后桥；2—纵向推力杆；3—减振器；4—弹簧下座；5—**螺旋弹簧**；6—弹簧上座；7—支承座。

五、独立悬架

现代汽车，特别是轿车上广泛采用独立悬架。由于独立悬架能使两侧车轮各自独立地与车架或车身弹性连接，具有以下优点。

（1）由于左右车轮的运动相对独立、互不影响，可以减少行驶时车架或车身的振动，同时可以减弱转向轮的偏摆。

（2）独立悬架的非簧载质量小，可以减小来自路面的冲击和振动，提高了行驶的平顺性。**簧载质量**是指汽车上由弹性元件支承的质量；而**非簧载质量**是指弹性元件下吊挂的质量。对于非独立悬架，整个车桥和车轮都属于非簧载质量，而对于独立悬架，只有部分车桥是非簧载质量，而主减速器、差速器、壳体等都装在车架或车身上，成了**簧载质量**，所以独立悬架的非簧载质量要比非独立悬架的小。

（3）独立悬架是与**断**开式车桥配用，可以降低汽车的重心、提高汽车行驶的平顺性。

独立悬架的结构类型很多，一般可按车轮的运动方式分为 3 类，如图 2-39 所示。

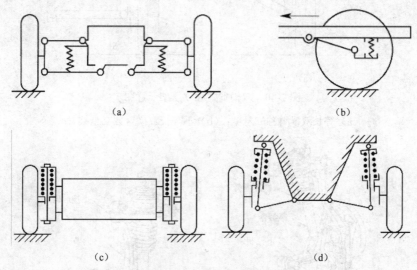

（a）   （b）

（c）   （d）

图 2-39   独立悬架的类型示意图

（a）横臂式独立悬架；（b）纵臂式独立悬架；（c）烛式独立悬架；（d）麦弗逊式独立悬架。

（1）横臂式独立悬架：车轮在汽车横向平面内摆动的悬架，如图 2-39（a）所示。

（2）纵臂式独立悬架：车轮在汽车纵向平面内摆动的悬架，如图 2-39（b）所示。

（3）车轮沿主销轴线移动的独立悬架：包括烛式悬架和麦弗逊式悬架，分别如图 2-39（c）、图 2-39（d）所示。

1．横臂式独立悬架

横臂式独立悬架分为单横臂式和双横臂式两种。目前单横臂式独立悬架应用较少，下面介绍双横臂式独立悬架。

双横臂式独立悬架如图 2-40 所示，其两个横摆臂有等长的（图 2-40（a））和不等长的（2-40（b））。摆臂等长的独立悬架当车轮上下跳动时，虽然车轮平面不倾斜、主销轴线的方向也不发生变化，但轮距发生较大的变化，这将引起车轮的侧滑和轮胎的磨损。而摆臂不等长的独立悬架当车轮上下跳动时，虽然车轮平面、主销轴线、轮距都发生变化，但都可以控制在允许范围内，所以这种形式的双横臂式独立悬架应用较多，红旗 CA7560、凌志 LS400 等轿车的前桥都采用这种不等长双横臂式独立悬架。

图 2-41 所示为凌志 LS400 的前悬架，其车轮外倾角和主销后倾角是可以调整的。如图 2-42 所示，上摆臂内端通过上摆臂轴用**螺栓**与车架相连，上摆臂轴与车架之间夹有前、

后调整垫片。同时增加或减少调整垫片的厚度可以调整车轮外倾角；前、后垫片厚度一处增加、另一处减少，可以调整主销后倾角。

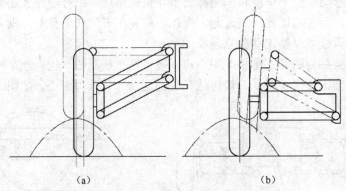

（a）　　　　　　　　　　　　　　（b）

图 2-40　双横臂式独立悬架示意图

（a）等长双横臂独立悬架；（b）不等长双横臂独立悬架。

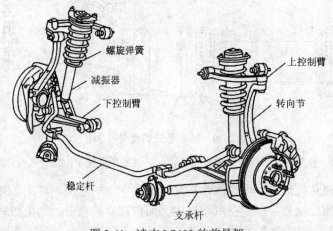

图 2-41　凌志 LS400 的前悬架

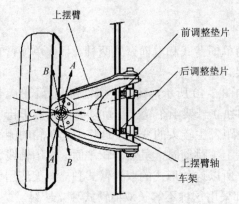

图 2-42　车轮外倾角和主销后倾角的调整

A-A—前调整垫片厚度增加或减少时上球头销中心的运动；*B-B*—后调整垫片厚度增加或减少时上球头销中心的运动；*C-C*—前后调整垫片厚度同时增加或减少时上球头销中心的运动。

2. 纵臂式独立悬架

纵臂式独立悬架也分为单纵臂式和双纵臂式两种。

1）单纵臂式独立悬架

单纵臂式独立悬架如果用于前轮，车轮上下跳动时会使主销后倾角变化很大，如图2-43 所示。所以单纵臂式独立悬架都用于后轮，如图 2-44 所示。纵摆臂是一片宽而薄的钢板，一端与半轴套管铰接，另一端带有套筒，套筒通过花键与扭杆弹簧的外端相连，扭杆的内端固定在车架上。

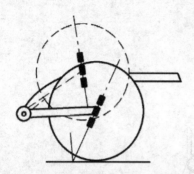

图 2-43 单纵臂式独立悬架示意图

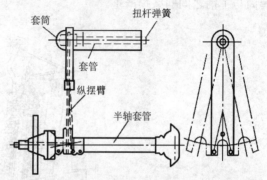

图 2-44 用于后轮的单纵臂式独立悬架

2）双纵臂式独立悬架

图 2-45 所示为用于前轮的双纵臂式独立悬架。转向节和两个纵摆臂做铰链连接，在车架的两根管式横梁的内部装有由若干层矩形端面的薄弹簧钢片叠成的扭杆弹簧。两根扭杆弹簧的内端用螺栓固定在横梁中部，而外端则插入纵臂轴的矩形孔中。纵臂轴用衬套支承在管式横梁内，轴和纵臂刚性地连接。

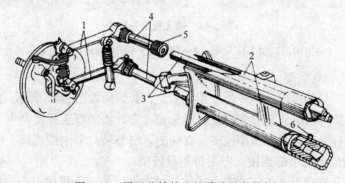

图 2-45 用于前轮的双纵臂式独立悬架

1—纵臂；2—横梁；3—扭杆弹簧；4—摆臂轴；5—衬套；6—螺钉。

这种悬架当车轮上下跳动时，车轮外倾角、轮距和主销后倾角都不发生变化，所以适用于前轮。

3. 车轮沿主销轴线移动的独立悬架

车轮沿主销移动的独立悬架可以分为两种形式，一种是车轮沿固定不动的主销移动的烛式独立悬架，另一种是车轮沿摆动的主销轴线移动的麦弗逊式独立悬架。

1）烛式独立悬架

图 2-46 所示为烛式独立悬架，主销的上下两端刚性地固定在车架上。套在主销上的套管固定在转向节上。套管的中部固定装着**螺旋弹簧**的下支座。筒式减振器的下端与转向节相**连**，上端与车架相连。悬架的摩擦部分套着防尘罩。通气管与防尘罩内腔相通，以免罩中空气被密封而影响悬架的弹性。

汽车在不平路面上行驶时，车轮、转向节一起沿主销的轴线移动。**螺旋弹簧**只承受垂直载荷，而车轮上所受的纵向力、侧向力及其力矩则由转向节、套筒经主销传给车架，使得套筒与主销之间的磨损严重。

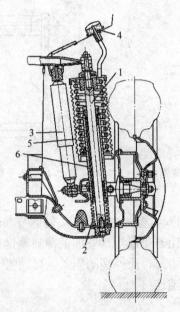

图 2-46　烛式独立悬架

1—主销；2、4—防尘罩；3—套筒；5—减振器；6—通气管。

2）麦弗逊式独立悬架

麦弗逊式独立悬架目前在轿车中应用很广泛，其结构如图 2-47 所示，由减振器、**螺旋弹簧**、横摆臂、横向**稳定杆**等组成。减振器与套在它外面的**螺旋弹簧**合为一体，构成悬架的弹性支柱，支柱上端与车身挠性连接，支柱的下端与转向节刚性**连接**。横摆臂的外端通过**球头销 B** 与转向节的下部连接，内端与车身铰接。

麦弗逊式独立悬架没有传统的主销实体，转向轴线为上下**铰接**中心的**连线 AB**（一般与弹性支柱的轴线重合）。当车轮上下跳动时，B 点随横摆臂摆动，因而主销轴线 AB 随之摆动（弹性支柱也摆动）。这说明车轮沿着摆动的主销轴线而运动。

麦弗逊式独立悬架结构较简单、布置紧凑，用于前悬架时能增大两前轮内侧的空间，故多用于发动机前置前轮驱动的轿车上。

图 2-48 所示为麦弗逊式独立悬架的结构，由双向作用筒式减振器、**螺旋弹簧**、悬架柱焊接件、缓冲垫、橡胶防尘罩等组成。其特点是筒式减振器作为悬架杆系统的一部分兼起主销作用，减振器活塞杆在作为主销的圆筒内上下移动，减振器支柱座与车身相**连**。

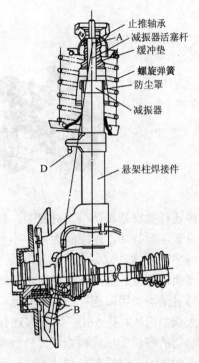

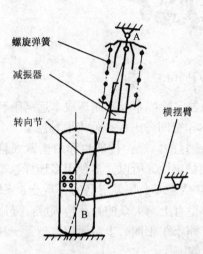

图 2-47　麦弗逊式独立悬架的结构示意图　　　图 2-48　麦弗逊式独立悬架结构

【知识链接】

多连杆式独立悬架可分为多连杆前悬架和多连杆后悬架系统。其中前悬架一般为 3 连杆或 4 连杆式独立悬架；后悬架则一般为 4 连杆或 5 连杆式后悬架系统，其中 5 连杆式后悬架应用较为广泛。图 2-49 所示为多连杆式独立悬架的结构，图 2-50 为采用多连杆式独立悬架的车桥。

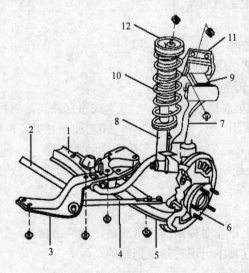

图 2-49　多连杆式独立悬架

1—前悬架横梁；2—前稳定杆；3—拉杆支架；4—黏滞式拉杆；5—下连杆；6—轮毂转向节总成；7—第 3 连杆；8—减振器；9—上连杆；10—螺旋弹簧；11—上连杆支架；12—减振器隔振套。

图 2-50　多连杆式独立悬架车桥

多连杆独立悬架结构想对复杂，材料成本、研发实验成本以及制造成本远高于其他类型的悬架，而且其占用空间大，中小型车出于成本和空间考虑极少使用这种悬架。

但多连杆式独立悬架舒适性能是所有悬架中最好的，操控性能也和双横臂式悬架相当，高档轿车由于空间充裕且注重舒适性能和操控稳定性，所以大多使用多连杆悬架。国内前后悬架均采用多连杆的车型有北奔-戴克奔驰 E 级轿车、华晨宝马的 3 系及 5 系轿车、一汽大众奥迪 A4 及 A6L；采用多连杆前悬架的车型有上海大众的帕萨特领域；采用多连杆后悬架的有长安福特福克斯、一汽大众速腾、广州本田雅阁、上海通用君越、一汽丰田皇冠及锐志、一汽轿车马自达 6、东南汽车三菱戈蓝等。

【思考与练习题】

一、填空题

1. 按轿车结构不同，悬架可分为与整体式车桥配用的_____悬架和与断开式车桥配用的_____悬架。

2. 普通机械式悬架系统通常由_____、_____、_____和横向稳定器组成。

3. 钢板弹簧可以兼起_____和_____的作用。

4. 汽车悬架系统常采用的弹性元件有_____、_____、_____及橡胶弹簧等。

5. 桑塔纳 2000 轿车前桥采用_____式独立悬架，后桥采用_____悬架。

6. 载重货车通常采用_____式非独立悬架，轻型轿车前桥采用最多的是_____式独立悬架，高级轿车前桥则经常采用_____式独立悬架。

7. 普通机械式悬架通常采用_____式减振器，电控悬架则需采用_____可调式减振器。

二、判断题

1. 钢板弹簧采用上下非对称断面，可改善弹簧受力情况。（　　　）

2. 减振器在汽车行驶中出现发热是正常的。（　　　）

3. 螺旋弹簧具有减振作用。（　　　）

4. 扭杆弹簧的左右扭杆，经过一段时间的装车使用后，为了避免疲劳损坏，只要安装位置合适，左右扭杆可以互换安装使用。（　　　）

5．扭杆弹簧的左右扭杆，由于制造时施加的预应力有方向性，安装时应注意装在车上后承受工作载荷时扭转的方向应与所预加在扭杆上的扭转方向相一致。（　　）

6．悬架的作用是弹性地连接车桥和车架（或车身），缓和行驶中车辆受到的冲击力。（　　）

7．配置扭杆弹簧的汽车，悬架的高度是不可调节的。（　　）

8．双作用筒式减振器可以说是速度敏感型的液压减振装置，运动越快，所产生的阻尼力就越大。（　　）

9．用在汽车悬架系统中的钢板弹簧都是线性刚度弹簧，即其弹力与变形量成正比。（　　）

10．麦弗逊式悬架的减振器承受一部分横向力，所以当减振器动作时，会产生很大的摩擦力。（　　）

11．汽车悬架的簧下质量越大，悬架系统运动时的惯性质量就越大，可提高车轮对路面的跟踪性，乘坐舒适性会越好。（　　）

12．为了使振动得到迅速衰减，汽车减振器拉伸行程与压缩行程的阻尼力，通常均设计成相等的。（　　）

13．橡胶弹簧通常作为限位块、隔垫等使用，基本上不会单独作为悬架弹簧使用。（　　）

14．汽车悬架用的扭杆弹簧，单位质量所能储存的能量比其他种类的弹簧都大，所以它是最轻的弹簧。（　　）

三、单选题

1．下列选项中，会导致车身侧倾过大、转向时操纵困难、乘坐不舒适和异响等故障的原因是（　　）。
　　A．横向稳定杆损坏　　　　　　　　B．减振器损坏
　　C．前轮前束调整不正确　　　　　　D．主销后倾角调整不正确

2．汽车行驶中在垂直方向振动时产生异响，下列除哪一项外都可能产生此故障？（　　）
　　A．悬架控制臂衬套磨损　　　　　　B．横拉杆球头连接松旷
　　C．减振器胶套破损　　　　　　　　D．悬架弹簧垫块磨损

3．下列哪项不是更换前稳定杆的作业项目？（　　）
　　A．从车架安装座上拆下稳定杆
　　B．从控制臂上拆下两端的固定螺母与缓冲胶垫
　　C．与横拉杆端头分离
　　D．用举升机举升汽车，以使轮胎均匀地支撑在同一平面

4．横向稳定杆的作用是防止（　　）。
　　A．车身的上下跳动　　　　　　　　B．汽车转弯时倾斜
　　C．制动时点头　　　　　　　　　　D．加速前进时后仰

5．汽车向左跑偏，可能由以下哪个原因引起这种故障？（　　）
　　A．右前制动器拖滞　　　　　　　　B．左前车轮前束太大

    C. 左前主销后倾角太小　　　　　D. 右前主销后倾角太小

6. 以下哪一种不是通常轿车所采用的前悬架结构形式？（　　）

    A. 麦弗逊式　　　　　　　　　　B. 后向纵摆臂式

    C. 斜拉杆式　　　　　　　　　　D. 双摆臂式

7. 在下列选项中，为独立悬架汽车非簧载质量的是（　　）。

    A. 轮胎　　　　　B. 驱动桥　　　　　C. 车身　　　　　D. 变速器

8. 汽车悬架的非簧载质量较大时，汽车行驶时车身的振动通常（　　）。

    A. 较小　　　　　B. 较大　　　　　C. 二者无关　　　　　D. 不一定

9. 麦弗逊式汽车悬架为（　　）。

    A. 非独立悬架　　B. 组合式　　　　C. 独立悬架　　　　D. 刚性式

10. 汽车悬架系统中的横向稳定杆在（　　）时起作用。

    A. 车身上下垂直振动　　　　　　B. 汽车转弯

    C. 车身纵向振动　　　　　　　　D. 以上都不正确

11. 以下部件，在汽车独立悬架中可代替螺旋弹簧的为（　　）。

    A. 减振器　　　　B. 横向稳定杆　　C. 下摆臂支撑杆　　D. 扭力杆

12. 汽车的载荷增加时，（　　）能自动调节车身高度。

    A. 横向扭力杆　　B. 螺旋弹簧　　　C. 空气弹簧　　　　D. 减振器

13. 关于汽车减振器，以下正确的说法是（　　）。

    A. 减振器承担一部分车身质量

    B. 减振器的阻尼力减弱后车身高度降低

    C. 减振器将汽车振动的机械能转变为热能

    D. 以上都不正确

14. 某汽车的车身前部向左方倾斜，对于该现象，以下哪项判断不正确？（　　）

    A. 左前扭力杆预扭应力减弱　　　B. 悬架系统的橡胶衬套磨损

    C. 左前减振器应更换　　　　　　D. 控制悬臂球头节磨损松旷

15. （　　）式减振器在安装之前处于完全伸张状态。

    A. 双向作用　　　B. 筒　　　　　　C. 单向作用　　　　D. 充气

16. 单向作用式减振器的减振作用发生在（　　）中。

    A. 压缩行程　　　　　　　　　　B. 伸张行程

    C. 压缩和伸张行程　　　　　　　D. 任何工况

17. 关于麦弗逊式前悬架系统，以下哪种说法正确？（　　）

    A. 车轮转向时，螺旋弹簧随之转动

    B. 车轮转向时，减振器不随之转动

    C. 减振器在正、反两个方向都可以安装

    D. 以上都正确

18. 配置双横臂式独立悬架系统的汽车，（　　）将汽车载荷的各种作用力直接传递给车轮组件。

    A. 悬架弹簧　　　B. 控制臂　　　　C. 转向节球头销　　D. 减振器

19. 汽车向左转弯时，左前轮的偏转角度（   ）右前轮的偏转角度。
    A．小于   B．大于   C．等于   D．以上都不正确

20. 在进行各种球头销的更换作业时，以下各项正确的是（   ）
    A．用锤子用力敲击球头与拉杆的连接处使其相互分离
    B．先用硬物支撑与球头销连接的部件，再锤击球头销
    C．以上都正确，装配前应用润滑脂涂抹锥体部位，避免锈蚀
    D．以上都不正确

21. 对于某汽车的悬架系统在振动时产生异响，以下哪项判断是不正确的？（   ）
    A．球头磨损   B．橡胶衬套磨损
    C．轮胎磨损   D．减振器橡胶衬套失效

22. 对于某汽车行驶时前轮发生摆振，以下正确的说法是（   ）。
    A．应检查车轮轴承间隙   B．应检查转向减振器
    C．应检查车轮   D．以上说法都正确

23. 某汽车被举升机举起后，晃动转向车轮时有松旷现象，但踩下制动踏板后再晃动车轮时，松旷现象消失，以下哪项正确？（   ）
    A．悬架系球头磨损   B．悬架臂衬套磨损
    C．转向拉杆球头磨损   D．车轮轴承间隙过大

24. 以下选项中，不属于汽车独立悬架中的球头节是（   ）。
    A．压缩承载球头节   B．拉杆承载球头节
    C．拉伸承载球头节   D．非承载球头节

25. 以下选项中，用于汽车麦弗逊悬架中的球头节是（   ）。
    A．压缩承载球头节   B．拉杆承载球头节
    C．拉伸承载球头节   D．非承载球头节

26. 以下的几种阀中，不属于汽车双向作用筒式减振器内的阀是（   ）。
    A．压缩阀   B．伸张阀
    C．卸荷阀   D．补偿阀

27. 关于双向作用筒式减振器内的各种阀，错误的说法是（   ）。
    A．压缩阀弹簧的刚度与预紧力比伸张阀的大
    B．只有当油压增高到一定程度时，压缩阀才能开启
    C．阀的节流作用造成对悬架运动的阻尼力
    D．流通阀是单向阀，其弹簧的弹力很弱

28. 在进行螺旋弹簧拆卸时，对于弹簧夹的使用，以下说法错误的是（   ）。
    A．应夹住弹簧尽可能长的部位
    B．两只弹簧夹应尽量相隔180°布置
    C．可使用扭力扳手旋弹簧夹
    D．旋紧或放松两边弹簧夹时应保持同步

29. 以下悬架部件中损坏概率最低的是（   ）。
    A．减振器   B．推力轴承   C．螺旋弹簧   D．限位块

30．以下（　　）项不是减振器的检查项目。

A．漏油　　　　　　　　　　B．活塞杆弯曲

C．阻尼系数下降　　　　　　D．弹性下降

四、简答题

1．汽车悬架有哪些功用？被动悬架系统通常由哪些部分组成？

2．简述普通机械式独立悬架系统的类型及各自的优缺点。

3．画出麦弗逊式独立悬架的结构简图，给出就车检查其是否损坏的最简单方法，并简述理由。

项目三

电控悬架系统检修

【项目描述】

一辆丰田 LS400 轿车车身高度不能正常调节，由对此故障的诊断与排除引出本项目。本项目需完成的任务有 LS400 轿车电控悬架系统常规检查与调整、读取与清除 LS400 轿车电控悬架系统故障码、检测 LS400 轿车电控悬架系统主要电气元件。

【知识目标】

（1）掌握电控悬架系统的组成、功用及类型。
（2）理解电控悬架系统的控制功能。
（3）掌握电控悬架系统信号输入装置的功用、原理。
（4）掌握电控悬架系统执行器及空气弹簧、可调阻尼减振器的功用、结构、原理。

【技能目标】

（1）会对 LS400 轿车电控悬架系统进行常规检查与调整。
（2）能够正确读取与清除 LS400 轿车电控悬架系统故障码。
（3）能够正确检测 LS400 轿车电控悬架系统主要电气元件。

任务一　LS400 轿车电控悬架系统常规检查与调整

【任务描述】

本任务对 LS400 轿车电控悬架系统功能与状态进行检查，以判断其工作是否良好，包括车身高度调整功能检查、外观检查、车身高度检查与调整。

【任务分析】

通过常规检查与调整验证 LS400 轿车电控悬架系统车身高度调整功能是否失效，检查车身高度设置是否正确，以及检查悬架系统部件有无机械损伤、泄漏等问题，为后续检测与诊断打下基础。

本任务需要以下工具、设备：LS400 轿车整车、常用工具、举升机、三角木、中性肥皂水。

【任务实施】

一、车身高度检查与调整

1．检查车身高度

按照以下步骤进行车身高度的检查。

（1）将车辆停放于水平地面。

（2）将 LRC 开关转到 NORM 位置。

（3）分别在车头、车尾按压汽车，使汽车上下跳动几次，以使悬架处于稳定状态。

（4）朝前和朝后推动车辆，使轮胎处于稳定状态。

（5）将换挡杆置于 N 挡位。

（6）用三角木塞住前、后车轮，防止其滚动，然后松开驻车制动器。

（7）启动发动机，将高度控制开关转到 HIGH 位置，检查车身能否升高。若车身不能升高，则停止检查，进入故障诊断步骤。

（8）若车身能够升高，则等待 1min 后将高度控制开关转到 NORM 位置，检查车身能否下降。

（9）若车身能够下降，则等待 50s 后，再重复一次步骤（7）、（8）。

（10）测量车身高度。

测量点如图 3-1 所示，前端为地面——下悬架臂安装螺栓中心；后端为地面——下悬架臂安装螺栓中心。车身高度标准值：前端为（249±10）mm；后端为（231.5±10）mm；左、右车身高度相差应小于 10mm；前、后车身高度相差应在（17.5±15）mm 之内。

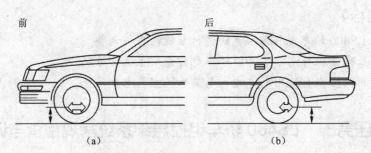

图 3-1　车身高度测量点

（a）车身前端高度测量；（b）车身后端高度测量。

2．调整车身高度

若车身高度不符合标准，按以下步骤进行调整。

（1）拧松高度控制传感器连接杆上的两个锁紧螺母，锁紧螺母如图 3-2 所示。

（2）转动高度控制传感器连接杆的螺栓以调节长度，高度控制传感器连接杆每转一圈能使车身高度改变大约 4mm。

（3）检查如图 3-2 所示的高度控制传感器**连接杆**的尺寸 A 是否小于极限值，即前部 8mm，后部 11mm。

（4）暂时拧紧高度控制传感器**连接杆**锁紧**螺母**，拧紧力矩为 4.4N·m。

（5）复查车身高度。

（6）拧紧高度控制传感器**连接杆**锁紧**螺母**，拧紧力矩为 4.4N·m。

注意：调整车身高度时高度控制开关必须处于 NORM 位置。

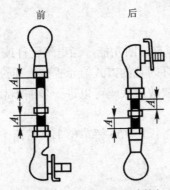

图 3-2　检查车身高度传感器**连接杆**尺寸

二、车身高度调整功能检查

通过操作高度控制开关检查汽车高度变化情况，其步骤如下。

（1）检查轮胎气压是否正常（前、后轮胎标准气压分别为 2.3 kg/cm^2 和 2.5kg/cm^2），若不正常，需进行调整。

（2）启动发动机，将高度控制开关由 NORM 位置转换到 HIGH 位置。从操作高度控制开关到压缩机启动需要约 2s，从压缩机启动到完成高度调整需要 20s～40s，车身高度应升高 10mm～30mm。

（3）在汽车处于 HIGH 高度调整状态下，启动发动机并将高度控制开关由 HIGH 位置转换到 NORM 位置。从操作高度控制开关到压缩机启动需要约 2s，从压缩机启动到完成高度调整需要 20s～40s，车身高度应降低 10mm～30mm。

若不符合（2）、（3）步骤的规定，表明车身高度调整功能异常，需要进行故障诊断与维修。

三、外观检查

按照以下步骤进行外观检查。

（1）启动发动机，将高度控制开关置于 HIGH 位置，待车辆升高后将发动机熄火。

（2）打开后备箱盖，将车身高度控制 ON/OFF 开关置于 OFF 位置，或者断开蓄电池负极。注意，不可将点火开关置于点火位置或启动发动机。

（3）用举升机举起车辆。

（4）观察悬架系统管路、部件是否有明显损坏。

（5）用中性肥皂水淋洒在悬架管路接头等位置，检查是否泄漏。

（6）检查空气弹簧橡胶气囊是否有损伤及泄漏。

（7）检查悬架系统线束插头是否有松动或脱落。

任务二　LS400轿车电控悬架系统自诊断

【任务描述】

本任务通过查看 LS400 电控悬架系统指示灯信息及故障代码判断系统是否存在电气故障，并判断故障范围。

【任务分析】

电控系统 ECU 都具有故障自诊断功能，当电气元件或线路发生故障时，ECU 会监测到并生成故障代码，并以指示灯闪亮的方式给予提醒。通过指示灯检查可初步判断悬架系统是否存在电气故障，通过读取故障代码可以进一步缩小故障的范围，以利于进一步进行电气元件及线路的检测。

本任务需要以下工具、设备：LS400 轿车整车、常用工具、丰田 IT II 诊断仪。

【任务实施】

一、指示灯检查

电控悬架系统指示灯的状态可以反映悬架系统是否有电气故障，其检查步骤如下。

（1）将点火开关置于 ON 位置，仪表盘上的 LRC 指示灯和高度控制指示灯均应亮 2s 左右，然后熄灭。

（2）将 LRC 开关置于 SPORT 位置，此时仪表盘上的 LRC 指示灯应常亮；将 LRC 开关置于 NORM 位置，LRC 指示灯应亮 2s，然后熄灭。

（3）将高度控制开关置于 NORM 位置，仪表盘上高度控制指示灯中的 NORM 应亮，HIGH 应不亮；将高度控制开关置于 HIGH 位置，高度控制指示灯中的 HIGH 应亮，NORM 应不亮。

如果 LRC 指示灯、高度控制指示灯不能按上述要求正常亮，则在后续任务中按表 3-3 进行检查。

二、读取故障码

故障代码的读取步骤如下。

（1）将丰田专用诊断仪 IT II 连接到位于方向盘左下方的车辆故障诊断插座 DL3 上。

（2）将点火开关置于 ON 位置。

（3）打开 IT II 电源开关。

（4）选择"Enter"—"Powertrain/Engine and ECT/DTC"命令，即可显示出系统中已存储的故障代码。

（5）若读取到故障代码，参见故障代码表（表 3-4），按任务三方法进行故障诊断与排除，之后利用 IT II 清除悬架 ECU 中的故障码。

任务三 LS400轿车电控悬架系统电气元件检测

【任务描述】

本任务对 LS400 电控悬架系统的电气元件及线路进行检测，以确定电气元件是否损坏，线路是否有短路及断路。

【任务分析】

通过任务二确定的路障范围，对故障范围内的电气元件及线路进行进一步的检测，以确定具体损坏的电气元件及线路。

本任务需要以下工具、设备：LS400 轿车整车、常用工具、汽车万用表、蓄电池。

【任务实施】

一、检查高度控制传感器连接器端子和车身接地之间的电压

检查步骤如下。

（1）拆下前车轮。

（2）脱开高度控制传感器连接器。

（3）将点火开关置于 ON 位置。

（4）测量高度控制传感器连接器端子和车身接地之间的电压，如图 3-3 所示，此电压应该为蓄电池电压。

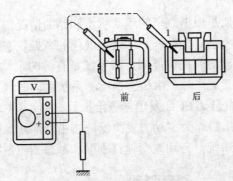

前 后

图 3-3 测量高度控制传感器连接器端子和车身接地之间的电压

二、检测高度控制阀及排气阀

如图 3-30 所示，1 号及 2 号高度控制阀共有 4 只电磁阀，排气阀为 1 只电磁阀，这些电磁阀都是开关式的，对其检测步骤如下。

（1）测量电磁阀的电阻，图 3-30 所示，分别拆下 1 号、2 号高度控制阀及排气阀线束插头，用万用表测量相应端子与电磁阀壳体之间的电阻。其电阻值应为 $10\Omega \sim 20\Omega$。若阻值为 0，表明电磁阀内部短路，若阻值为 ∞，则表明电磁阀或其电线断路。

（2）检查电磁阀的动作。将蓄电池的正极接到各电磁阀端子，蓄电池负极接电磁阀壳体，此时若听到电磁阀发出咔嗒声，表明电磁阀阀芯运动正常；否则表明其阀芯卡滞。

【相关知识】

电子控制悬架系统是以电子控制模块为控制核心，对汽车悬架参数，如弹簧刚度、减振器阻尼系数和车身高度等进行实时控制，从而提高汽车的乘坐舒适性和操纵稳定性的悬架系统。

一、电控悬架系统的分类和组成

1. 电控悬架系统的分类

1）按控制目的分

（1）车高控制系统。车高控制系统是可以实时控制车身高度的电控悬架系统。

（2）刚度控制系统。刚度控制系统是可以实时控制悬架刚度的电控悬架系统。

（3）阻尼控制系统。阻尼控制系统是可以实时控制悬架阻尼系数的电控悬架系统。

（4）综合控制系统。综合控制系统是综合前3种系统中的2个或全部3个的电控悬架系统。

现代轿车多数采用将前3种控制综合在一起的悬架系统，以充分提高汽车的乘坐舒适性和操纵稳定性。

2）按悬架的结构形式分

（1）电控空气悬架系统。电控空气悬架系统是采用空气弹簧的电控悬架系统。

（2）电控液压悬架系统。电控液压悬架系统是采用油气弹簧的电控悬架系统。

现代轿车电控悬架系统广泛采用电控空气悬架系统。

3）按控制系统是否有源分

（1）主动悬架。主动悬架是根据汽车的运动状态和路面情况，主动调节悬架刚度、减振器阻尼系数、车身高度和姿态，使系统始终处于最佳的减振状态的悬架系统。这种主动调节消耗能量，所以需要有动力源提供能源，即系统是有源的。

如图3-4所示，主动悬架工作时，由传感器检测系统运动的状态信号，反馈到悬架控制模块（悬架ECU），然后由悬架ECU发出指令给执行机构——主动力发生器，构成闭环控制。通常采用电液伺服液压缸作为主动力发生器，它由外部油源提供能量。主动力发生器产生的控制力作用于振动系统，自动改变弹簧刚度和减振器阻尼特性参数。

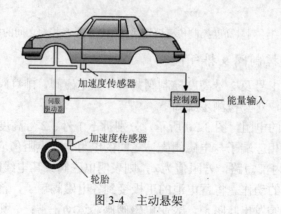

图3-4　主动悬架

（2）半主动悬架。半主动悬架只能对减振器的阻尼力进行调节，它是无源的，即不需要有专门的动力源提供动力。有些半主动悬架还对横向稳定器的刚度进行调节。

如图3-5所示，半主动悬架一般以车身振动加速度为控制目标参数，通过控制步进电机来驱动阻尼减振器中的元件，调节阻尼系数，从而实现对减振器阻尼力的控制。

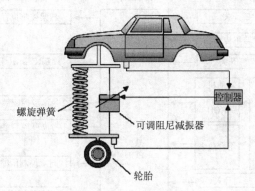

螺旋弹簧　控制器　可调阻尼减振器　轮胎

图3-5　半主动悬架

半主动悬架可以根据路面的激励和车身的响应，对悬架的阻尼进行自适应调整，使车身的振动被控制在一定的范围之内。但是，采用半主动悬架的汽车在转向、起步、制动等工况时不能对刚度和阻尼进行有效的控制，也不能对车身的高度进行控制。

2．电控悬架系统的组成

电控悬架由传感器、电子控制模块、执行元件、空气弹簧减振器组件等组成。

1）传感器

传感器的作用是将汽车行驶的速度、启动、加速度、转向、制动和路面状况、汽车振动状况、车身高度等信号输送给悬架ECU。汽车悬架系统所用的传感器主要有车身加速度传感器、车身高度传感器、车速传感器、方向盘转角传感器、节气门位置传感器等。

2）电子控制模块

电子控制模块（悬架ECU）接收各种传感器的输入信号并进行运算，然后给执行器输出控制悬架的刚度、阻尼力和车身高度的信号。同时，悬架ECU还监测各传感器的信号是否正常，若发现故障，则存储故障码和相关参数，并点亮故障指示灯。

3）执行元件

悬架通常所用的执行元件有电磁阀、步进电动机和气泵电动机等。当执行元件接收到悬架ECU的控制信号后，及时准确地动作，从而按照要求调节悬架的刚度、阻尼力和车身高度。

二、电控空气悬架系统的工作原理

1．电控空气悬架系统的基本原理

电控空气悬架系统的工作原理如图3-6所示。它由悬架控制执行器、制动灯开关、节气门位置传感器、车速传感器、方向盘转角传感器、车身高度传感器、悬架ECU、高度控磁阀以及空气干燥器等装置组成。图3-7所示为这些部件在汽车上的具体位置。

系统工作时，控制模块根据车身高度、方向盘转角、车速、制动等传感器的信号，经过运算分析后输出控制信号，控制各种电磁阀和步进电动机，以便及时改变悬架的刚度、阻尼系数和车身高度，以适应各种复杂的行驶工况对悬架特性的不同要求，保证汽车行驶过程中的乘坐舒适性和操纵稳定性。

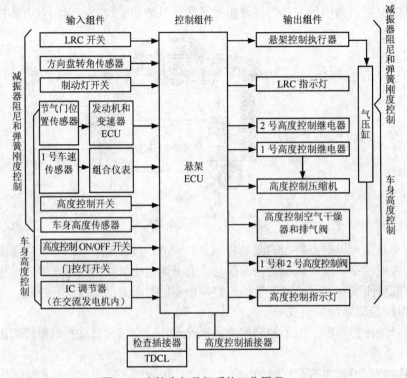

图 3-6　电控空气悬架系统工作原理

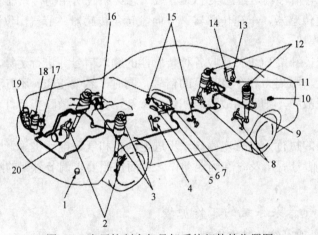

图 3-7　电子控制空气悬架系统部件的位置图

1—1 号高度控制继电器；2—车身高度传感器；3—前悬架控制执行器；4—停车灯开关；5—方向盘转角传感器；6—高度控制开关；7—LRC 开关；8—后车身位移传感器；9—2 号高度控制阀和溢流阀；10—高度控制 ON/OFF 开关；11—高度控制连接器；12—后悬架控制执行器；13—2 号高度控制执行器；14—悬架控制模块；15—门控灯开关；16—主节气门位置传感器；17—1 号高度控制阀；18—空气压缩机；19—干燥器和排气阀；20—IC 调节器。

电控空气悬架系统中，悬架系统的刚度和阻尼有 NORM（软）和 SPORT（硬）两种模式，每种模式下按照刚度与阻尼的大小依次又有低、中、高 3 种状态。NORM（软）和 SPORT（硬）模式可以通过手动开关选择，也有的悬架系统由控制模块通过计算决定。一旦模式选定后，就由悬架 ECU 根据各种传感器的输入信号在低、中、高 3 个状态间自动调节刚度和阻尼系数。

一般汽车减振器在硬阻尼状态下会获得较好的汽车高度控制，软阻尼状态下会获得较好的乘坐舒适性。此外，在紧急制动、加速、减速、高速行驶和路面崎岖不平时，应使减振器在硬阻尼状态下工作。

电控空气悬架系统的控制功能主要包括以下 3 个方面的控制：车速与路面感应控制、车身姿态控制和车身高度控制。

1）车速与路面感应控制

这种控制主要是随着车速和路面的变化，改变悬架的刚度和阻尼，使之处于低、中、高 3 种状态。车速和路面感应主要有以下 3 种。

（1）高速感应。当车速很高时，控制模块输出控制信号，使悬架的刚度和阻尼相应增大，以提高汽车高速行驶时的操纵稳定性。

（2）前后车轮关联感应

当汽车前轮在遇到路面单个的突起时，控制模块输出控制信号，相应减小后轮悬架的刚度和阻尼，以减小车身的振动和冲击。

（3）坏路面感应。当汽车进入坏路面行驶时，为了抑制车身产生大的振动，控制模块输出控制信号，相应增大悬架的刚度和阻尼。

2）车身姿态控制

当车速急剧变化（起步、制动等）以及转向时，会造成车身姿态的急剧改变。这种车身姿态的改变既降低了汽车的乘坐舒适性，又由于车身的过度倾斜容易使汽车失去稳定性，所以应该对其进行控制。这种控制主要包括 3 个方面。

（1）转向时车身的倾斜控制。当驾驶员急打方向盘使汽车急转弯时，转向角度传感器将方向盘的转角以及旋转速度信号输入悬架 ECU，悬架 ECU 经过计算分析向悬架执行元件输出控制信号，增大或减小相应悬架的刚度和阻尼，以抑制车身的倾斜。

（2）制动时车身的点头控制。当汽车在紧急制动时，车速传感器将车速信号和制动灯开关信号输入悬架 ECU，悬架 ECU 经过计算分析后输出控制信号，增大相应悬架的刚度和阻尼，以抑制车身的点头。

（3）起步或急加速时车身的后坐控制。当汽车突然起步或急加速时，车速传感器将车速信号和节气门开度信号输入悬架 ECU，悬架 ECU 经过计算分析后输出控制信号，以增加悬架的刚度和阻尼，以抑制汽车的后坐。

3）车身高度控制

车身高度控制是在汽车行驶车速和路面变化时，悬架 ECU 对执行元件输出控制信号，控制调节车身的高度，以确保汽车行驶的稳定性和通过性。

车身高度根据高度控制开关的位置有两种控制模式，即 NORM 和 HIGH，每一种模式又有低、中、高 3 种状态。在 NORM 模式时，车身高度常处于"低"状态；在 NORM 模式时，车身高度常处于"高"状态。

车身高度控制主要有两个方面。

（1）高速感应控制。当车速高于某一设定值（如 90km/h）时，为了提高汽车的行驶稳定性和减少空气阻力，控制器输出控制信号，降低车身的高度；当车速低于某一设定值（如 60 km/h）时，汽车恢复原有的高度。

（2）连续差路面行驶控制。汽车在连续颠簸不平的路面行驶，车身高度传感器连续 2.5s 以上输出大幅度的振动信号，如果此时车速为 40km/h～90km/h，悬架 ECU 就会输出控制信号，以提高车身，减弱来自路面的突然起伏感，提高汽车的通过性能；但如果此时的车速在 90km/h 以上，悬架 ECU 会输出控制信号，降低车身高度，以保证汽车行驶的稳定性。

此外，有些悬架系统当点火开关处在运行位置超过 45s 时，还会有下列动作。

（1）一个车门打开，制动踏板松开时，悬架 ECU 会输出控制信号提高车身高度。车门关好后，又降低车身高度。这样可以阻止开着的车门碰到路缘或其他物体。

（2）制动器工作且一个车门打开时，悬架 ECU 输出控制信号，提高车身高度。

2．电控空气悬架系统的部件

1）车身高度传感器

车身高度传感器的作用是将车身与车桥之间的相对位置变化量转换为电信号送给悬架 ECU。高度传感器的数量与车上装备的电控空气悬架系统的类型有关。高度传感器的一端与车架连接，另一端装在悬架系统上，如图 3-8 所示。

在空气悬架上，高度传感器用于采集车身高度信息。在某些行驶平顺性控制系统上，高度传感器还用来探测悬架运动情况以确定是否需要硬阻尼。

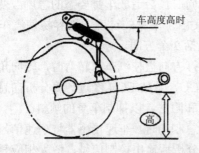
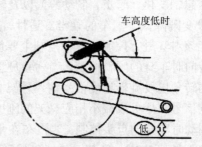

图 3-8　车身高度传感器的安装位置

现在应用最广泛的是光电式数字车身高度传感器，其工作**原**理如图 3-9 所示。在传感器内部有一个传感器轴，轴外端安装的连接杆与悬架臂相连接，轴上固定一个开有一定数量窄槽的遮光盘。遮光盘两侧对称安装有 4 组发光二极管和光敏三极管，**组成 4 对**信号发生器（光电耦合器）。当车身高度变化时，车身与悬架臂作相对运动，连接杆带动传感器上的转轴和遮光盘一起转动。当遮光盘上的槽对准耦合器时，光敏三极管通过该槽感受到发光二极管发出的光线，信号发生器输出导通（ON）信号，反之则输出截止（OFF）信号。只要使遮光盘上的槽适当分布，就可以利用这 4 对光电耦合器导通和截止的组合，将车身高度的变化分成 16 个区域进行检测，具体划分如表 3-1 所列。这种高度传感器有一个六线连接器——电源线、地线及 4 个信号线。

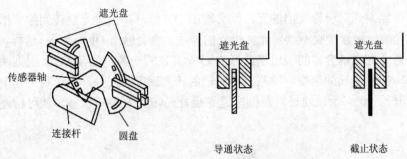

图 3-9　车身高度传感器的工作原理

表 3-1　车身高度控制区域与传感器信号的关系

光电耦合器				车高区间	ECU 判断结果
1 号	2 号	3 号	4 号		
OFF	OFF	ON	OFF	15	超高
OFF	OFF	ON	ON	14	
ON	OFF	ON	ON	13	高
ON	OFF	ON	OFF	12	
ON	OFF	OFF	OFF	11	
ON	OFF	OFF	ON	10	
ON	ON	OFF	ON	9	标准
ON	ON	ON	OFF	8	
ON	ON	ON	OFF	7	
ON	ON	ON	ON	6	
OFF	ON	ON	ON	5	低
OFF	ON	ON	ON	4	
OFF	ON	OFF	ON	3	
OFF	ON	OFF	ON	2	
OFF	OFF	OFF	ON	1	过低
OFF	OFF	OFF	OFF	0	

悬架 ECU 根据传感器输入的 ON、OFF 信号得到车身位移信息。根据车身高度变化的幅度和频率，可以判断车身的振动情况，根据一段时间（一般为 10ms）车身高度在某一区域的百分比来判断车身高度。

2）方向盘转角传感器

方向盘转角传感器安装在转向轴上，其作用是检测方向盘的转角信号，从而得到汽车转向程度信息，即以下两个信息：方向盘位置、方向盘转向速率。

光电式转角传感器的结构和工作原理如图 3-10 所示。在压入转向轴的遮光盘 3 上有一定数量的窄槽，遮光盘的两端分别有两个发光二极管和两个光敏三极管，组成两对信号发生器（光电耦合器）。当转动方向盘时，转向轴 4 带动遮光盘 3 旋转，当转到窄槽处时，光敏三极管感受到发光二极管发出的光，就会输出 ON 信号；当遮光盘转到除窄槽以外的其他位置时，光敏三极管接收不到发光二极管的光线，就会输出 OFF 信号。这样，随着转向盘的转动，两个光电耦合器的输出端就形成 ON/OFF 的变换。悬架 ECU 根据两个光电耦合器输出 ON/OFF 变换的速度，检测出转向轴的转向速度。此外，由于两个光电耦合器变换的相位错开约 90°，所以通过判断哪个遮光盘首先转变为 ON 状态，就可检测出转向轴的转动方向。

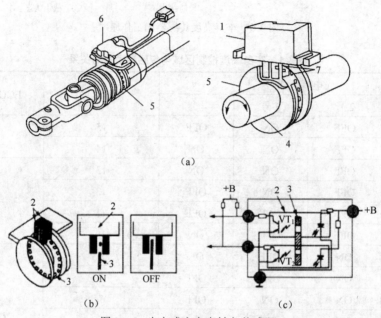

图 3-10　光电式方向盘转角传感器

（a）安装位置和构造；（b）工作原理；（c）电路原理。

1—转角传感器；2—光电耦合器；3—遮光盘；4—转向轴；5—传感器圆盘；
6—转向传感器外壳；7—遮光器。

3）车速传感器

悬架控制模块可从车速传感器、各种其他控制模块或多路传输网络接收车速信号输入，用于实现系统的各种控制功能。

变速器、驱动轴或分动箱的输出轴通过齿轮驱动车速传感器。车速传感器信号是交流波形信号，其频率和电压随车速提高而增加，由信号频率便可获知车速。

车速信号也可以由其他模块直接提供给电控悬架控制模块（直接连接），此信号为直流变化信号。

车速信号也可以以数据信号形式从汽车多路传输网络提供给悬架控制模块。

4）加速信号

当汽车起动或突然加速时，动力传动控制模块（PCM）根据节气门位置传感器信号（探测到节气门开度超过 90%）或质量空气流量信号生成加速信号，然后将加速信号提供给悬架控制模块，悬架控制模块控制执行器使其转换到硬阻尼状态，以便减少汽车抬头（后坐）。

5）车门信号

悬架控制模块利用车门信号实现系统的某些功能，如在车门打开时防止排气或保持目前行驶高度等。当车门关闭时，系统恢复正常工作状态。

6）制动开关

当汽车制动时，制动开关给悬架控制模块一个制动信号，悬架控制模块收到制动信号后，控制执行器将悬架由软转换到硬的状态，以防止汽车点头（翘尾）。

7）悬架控制开关

悬架控制开关包括悬架刚度和阻尼选择（LRC）开关、车高控制开关和高度控制ON/OFF开关，前两个开关一般都装在驾驶室内变速器控制杆旁边，如图3-11所示，高度控制ON/OFF开关一般装在后备箱内，如图3-12所示。

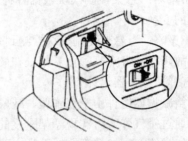

图3-11　LRC开关和高度控制开关　　图3-12　LS400高度控制ON/OFF开关安装位置

（1）悬架刚度和阻尼选择（LRC）开关。LRC开关用于选择悬架的刚度和阻尼力参数，它有两个挡位。

① 当LRC开关处于NORM（软）挡位时，系统进入"常规行驶自动控制"。

② 当LRC开关处于SPORT（硬）挡位时，系统进入"高速行驶自动控制"。

每种模式下按照刚度与阻尼的大小依次又有低、中、高3种状态。当通过悬架控制开关选定NORM（软）或SPORT（硬）模式后，就由悬架ECU根据传感器的输入信号在低、中、高3种状态间自动调节刚度和阻尼系数。

（2）高度控制开关。高度控制开关也有两种控制模式，即NORM和HIGH，按照车身的高度从低到高的顺序，每种模式又有低、中、高3种状态。

① 在NORM模式时，车身高度常处于"低"状态，系统对车身高度进行"常规值自动控制"；

② 在HIGH模式时，车身高度常处于"高"状态，系统对车身高度进行"高值自动控制"。

（3）高度控制ON/OFF开关。高度控制ON/OFF开关一般装在后备箱内。当高度控制ON/OFF开关位于ON时，系统按照驾驶员通过高度控制开关选定的模式进行车身高度控制；当锁止开关位于OFF时，系统不进行车身高度的调节。注意，顶升或举升汽车时，如果高度控制ON/OFF开关不在OFF位置，可能会损坏空气悬架系统。所以举升汽车前，必须将高度控制ON/OFF开关置于OFF位置。

8）悬架控制模块

悬架控制模块是基于微处理器的电子模块，它根据各种传感器的输入信号控制空气压缩机和所有电磁阀的工作，它还实施所有的故障管理和诊断策略。悬架控制模块内包含系统自测试和通信软件。根据车型和所采用系统的不同，悬架控制模块既可以是单独的模块，也可以是与其他系统模块集成的模块，它们的控制策略是一样的。

悬架控制模块通常采用以下控制策略。

（1）高度控制策略。

① 正常策略：悬架控制模块根据高度传感器等输入元件的信号控制车身高度。对一些特殊情况，该模块可能使用其他系统的输入。

② 故障策略：当悬架控制模块检测到系统有故障时，模块将接通悬架故障指示灯，并在一个点火周期内停止所有的高度调整。

（2）行驶平顺性控制策略。

① 正常策略：悬架控制模块根据各种不同输入元件的信号控制减振器阻尼从软到硬和从硬到软的变换。

② 故障策略：当悬架控制模块探测到系统有故障时，控制模块给减振器执行器断电，并且使悬架故障指示灯点亮，使悬架处在硬模式下。

9）空气弹簧减振器组件

空气弹簧减振器组件由空气弹簧、减振器、防尘罩和执行器等组成，其构造如图3-13所示。其中通过空气弹簧可实现悬架刚度的调节，通过减振器可实现悬架阻尼的调节。

（1）空气弹簧。空气弹簧的功用是实现刚度和车身高度的调节，它是利用空气被压缩时产生的弹性来工作的。悬架的上端与车身相连，下端与车轮连接。

车高控制主要是利用空气弹簧中主气室空气量的多少来进行调节的。如图3-14所示，当ECU接收到车高传感器、车速传感器、车门开关等传来的信号时，经过处理判断，若是增加车高，则控制执行机构向空气弹簧主气室充气增加空气量，使汽车高度增加；若是降低车高，则控制执行机构打开排气装置向外排气，使空气弹簧主气室的空气量减少而降低汽车高度。

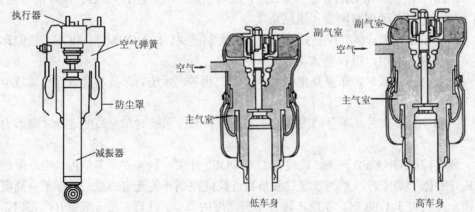

图3-13 空气弹簧减振器组件　　　　　　　图3-14 车高控制原理

空气弹簧刚度的调节原理如图3-15所示。空气弹簧有主、副气室，主气室和副气室之间有一个通道，供气体在主气室和副气室之间流动，通过改变这个通道的大小，就可以改变空气弹簧的刚度。这个通道的大小由空气阀阀芯控制，而阀心的控制杆又是由悬架控制模块通过悬架控制执行器驱动控制的。调节阀心的位置，就可以使空气弹簧对应于软、中、硬3种不同的刚度。

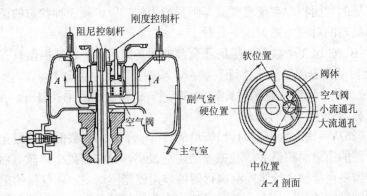

图 3-15　空气弹簧刚度调节原理

当阀芯的开口转到对准软位置时，主、副气室的通道被打开到最大位置，主气室的空气经过阀芯的中间孔，再经由阀体的侧面通道就可以进入副气室，主、副气室相通。此时，主、副气室之间的气体流量最大，相当于参加工作的气体体积增大，因此空气弹簧刚度处于"软"状态。

当阀芯的开口转到对准中位置时，气体通路的小孔被打开，此时主、副气室之间的空气只能通过小孔流通，流量变小，所以空气弹簧刚度处于"中"状态。

当阀芯的开口转到对准"高"位置时，主、副气室之间的通路被切断，此时只有主气室内的空气单独承担缓冲任务，所以空气被压缩的体积减小，空气弹簧刚度处于"硬"状态。

（2）减振器。电子控制空气悬架系统阻尼的调节是通过改变减振器阻尼孔截面积的大小来实现的，其调节原理如图 3-16 所示。

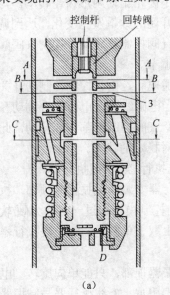

（a）

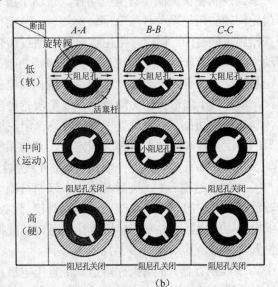

（b）

图 3-16　减振器阻尼系数调节原理

（a）减振器结构；（b）阻尼系数调节示意图。

　　减振器阻尼调节杆与回转阀连接，回转阀上有 3 个阻尼孔。悬架控制模块通过控制执行器驱动阻尼调节杆转动，就可使回转阀转动，从而可以控制 3 个阻尼孔的开闭，改变减振器内油路流通的截面积，实现对减振器阻尼能力软、中、硬 3 种状态的调节。阻尼孔的开闭与减振器状态的对应关系为以下几种。

　　① 当 A、B、C 这 3 个截面的阻尼孔全部被回转阀封住时，减振器只有下面的主阻尼孔 D 打开，此时减振器阻尼处于"硬"状态，减振器的阻尼值最大。

　　② 当回转阀从"硬"状态顺时针转动 60°时，B 截面的阻尼孔打开，A、C 截面的阻尼孔关闭，减振器处于"中"状态。

　　③ 当回转阀从"硬"状态逆时针转动 60°时。A、B、C 截面的阻尼孔全部打开，此时减振器内油路的通道面积最大，减振器的阻尼最小，减振器处于"软"状态。

　　（3）悬架控制执行器。悬架控制执行器的作用就是驱动主、副气室的空气阀阀芯和减振器阻尼孔的回转阀转动，从而实现对悬架刚度和阻尼的控制，其结构如图 3-17 所示。

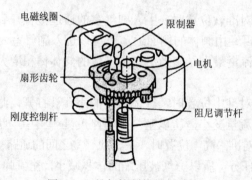

图 3-17　悬架控制执行器结构

　　悬架控制模块控制步进电机动作，带动小齿轮转动，小齿轮驱动扇形齿轮转动。与扇形齿轮同轴的阻尼调节杆带动回转阀旋转，从而使阻尼孔开闭的数量发生变化，达到调节减振器阻尼的目的。同时，阻尼调节杆上通过齿轮带动空气阀控制杆转动，使空气阀阀芯转动。随着阀芯转动角度的改变，空气弹簧的刚度也得到调节。

　　悬架控制执行器上还有一个电磁线圈，当电磁线圈不通电时，由它控制的制动开关松开，制动杆处于扇形齿轮的滑槽内，扇形齿轮可以转动；当电磁线圈通电而吸合制动开关时，制动杆往回拉，各齿轮处于锁止状态，阻尼调节杆和空气阀控制杆都不能转动，此时悬架的刚度参数和阻尼参数都为固定值，悬架系统处于相对稳定的状态。

　　现在常见的有 3 种悬架控制执行器：4 线执行器、3 线执行器、2 线执行器。

　　① 4 线执行器。4 线执行器是一个双向直流电机。执行器安装在减振器的顶部，执行器驱动减振器内的一根轴来改变减振器阀门。这类执行器由控制模块通过一对称为硬/软减振继电器的继电器来控制，4 线执行器可以从减振器总成上取下单独更换，4 线执行器内带位置传感器，其原理如图 3-18 所示。

　　② 3 线执行器。3 线执行器是一个直流电机，位于减振器顶部，只能单向旋转。电机转动时，通过减速齿轮总成带动减振器内的活塞杆改变减振阻尼。3 线执行器与减振器也是一体化的，无法单独维护。3 线执行器也带有位置传感器，其原理如图 3-19 所示。

③ 2 线执行器。2 线执行器是一个 ON/OFF（接通/断开）电磁阀。如果电磁阀处于 OFF（断开）位置，减振器处于硬阻尼状态；如果电磁阀处 ON（接通）位置，减振器处于软阻尼状态。2 线执行器与减振器为一体式，不可单独维护，其原理如图 3-20 所示。

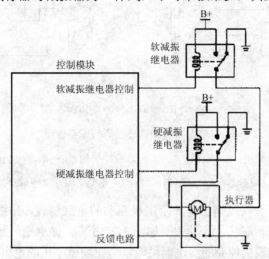

图 3-18　4 线执行器原理图

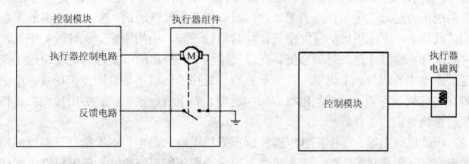

图 3-19　3 线执行器的原理图　　　　　　图 3-20　2 线执行器的原理图

10）车身高度调节系统部件

车身高度控制系统能够根据车内乘坐人员或车辆载重情况自动对车身高度作出调整，以保持汽车行驶所需要的高度和汽车行驶姿态的稳定。

车身高度调节系统如图 3-21 所示，它由空气压缩机、直流电机、高度控制电磁阀、排气电磁阀、空气干燥器等组成。悬架控制模块根据车身高度传感器送来的信号和驾驶员设定的悬架控制模式，控制电磁阀的动作，以控制车身高度，其工作过程如下。

（1）升高车身高度。当需要升高车身高度时，直流电机带动压缩机工作，压缩空气通过空气干燥器后，由高度控制电磁阀进入空气悬架的主气室，使车身高度增加。

（2）维持车身高度。当车身达到规定的高度时，高度控制电磁阀断电关闭，空气悬架主气室的空气量保持不变，车身高度维持不变。

（3）降低车身高度。当需要降低车身高度时，高度控制电磁阀和排气电磁阀同时通电打开，空气悬架主气室的空气通过电磁阀、空气管路、排气阀排出，车身高度下降。

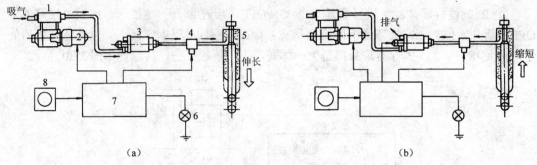

图 3-21 车身高度控制原理

(a) 升高车身过程；(b) 降低车身过程。

1—空气压缩机；2—电机；3—干燥器及排气阀；4—高度控制电磁阀；

5—空气弹簧及减振器；6—悬架指示灯；7—悬架 ECU；8—车身高度传感器。

（1）空气压缩机。空气压缩机是一个电机驱动的单缸装置，压缩机中的活塞在压缩机曲轴和连杆的带动下在汽缸内上下运动，如图 3-22 所示，提供空气悬架系统所需的压缩空气。空气压缩机由控制模块控制的继电器供电，当驱动压缩机的电机输入端连接 12V 电源后，就可使电机转动，从而通过曲轴和连杆带动压缩机的活塞上下运动使压缩空气压力升高。

当系统压力超过安全工作压力时，内部减压阀提供排气通道。空气压缩机的干燥器装在压缩机歧管上，压缩机推动压缩空气，使其通过干燥器中的干燥剂（硅胶）干燥，除去空气中的水分，然后才进入悬架系统。在排气过程中，排出的干燥过的空气通过干燥器又可带走干燥剂中的水分。干燥器可以单独更换，更换干燥器不是定期维护项目。压缩机电路上装有热过载断路器，可探测电机内部的温度，当电机过热时就会关闭压缩机，待压缩机冷却后再恢复正常工作。

（2）压缩机继电器。压缩机继电器控制压缩机电机的供电。由于空气悬架控制模块无法直接向空气压机提供所需的（大）电流，因此需要压缩机继电器。压缩机继电器受控制模块的小电流号控制，然后将大电流提供给压缩机，使其工作。有的悬架控制系统使用固态继电器，也有的使用常规机械继电器，如图 3-23 所示。

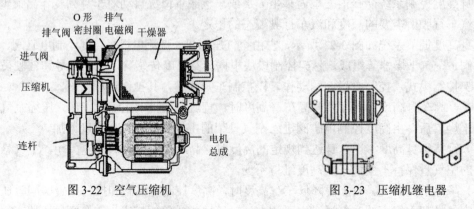

图 3-22 空气压缩机   图 3-23 压缩机继电器

（3）排气电磁阀。排气电磁阀装在空气压缩机缸盖上，如图 3-24 所示，它与压缩机共用一个线束连接器。在排气过程中，排气电磁阀使空气从空气弹簧中排出。当控制模块决定需要降低汽车高度时，排气电磁阀与空气弹簧电磁阀一起开启，为压缩空气提供排出通道。

（4）高度控制电磁阀。高度控制电磁阀也称为空气电磁阀，它安装在空气管路内，用于控制进、出空气弹簧和减振器的空气流量，其原理如图 3-25 所示。高度控制电磁阀常闭，不通电时，由弹簧加载挡住气流；当电磁阀通电时，电磁线圈克服弹簧压力，电磁阀打开，使空气流过电磁阀。

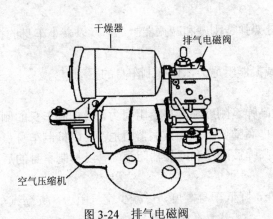

图 3-24　排气电磁阀　　　　　　　图 3-25　高度控制电磁阀

（5）空气管路。空气压缩机内的空气通过尼龙空气管路输送给电磁阀、空气弹簧。空气管路使用快速接头与各部件连接。空气管路的数量与车型有关，系统越复杂，需要的空气管路越多。

11）指示灯

电控空气悬架指示灯通常位于组合仪表上，如图 3-26 所示。当控制模块发现系统有故障时，就会点亮指示灯或使指示灯以一定的间隔时间闪亮。如果悬架系统工作正常，当点火开关从 OFF 转换到 ON 时，指示灯点亮 1s，然后自动熄灭。当点火开关在启动位置时，指示灯点亮。

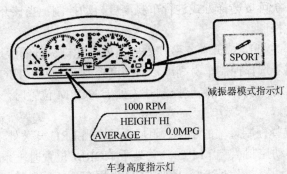

图 3-26　空气悬架系统指示灯

三、LS400 电控空气悬架系统

丰田 LS400 的电控悬架系统为空气弹簧主动悬架，可以根据行驶条件自动控制弹簧刚度、减振器阻尼力及车身高度，以抑制加速时后坐、制动时点头、转向时侧倾等汽车行驶状态的变化，明显改善乘坐舒适性和操纵稳定性。

1. 系统控制功能

丰田 LS400 的电控悬架系统主要对车速与路面感应、车身姿态、车身高度 3 个方面进行控制。

1）车速与路面感应控制

（1）当车速高时，提高弹簧刚度和减振器阻尼力，以提高汽车高速行驶时的操纵稳定性。

（2）当前轮遇到突起时，减小后轮悬架弹簧刚度和减振器阻尼力，以减小车身的振动和冲击。

（3）当路面差时，提高弹簧刚度和减振器阻尼力，以抑制车身的振动。

2）车身姿态控制

（1）转向时侧倾控制：急转向时，提高弹簧刚度和减振器阻尼力，以抑制车身的侧倾。

（2）制动时点头控制：紧急制动时，提高弹簧刚度和减振器阻尼力，以抑制车身点头。

（3）加速时后坐控制：急加速时，提高弹簧刚度和减振器阻尼力，以抑制车身的后坐。

3）车身高度控制

（1）高速感应控制：车速超过 90km/h，降低车身高度，以减少空气阻力，提高汽车行驶的稳定性。

（2）连续差路面行驶控制：车速在 40km/h～90km/h，提高车身高度，以提高汽车的通过性；车速在 90km/h 以上，降低车身高度，以满足汽车行驶的稳定性。

（3）点火开关 OFF 控制：驻车时，当点火开关关闭后，降低车身高度，便于乘客乘降。

（4）自动高度控制：当乘客和载质量变化时，保持车身高度恒定。

2. 系统操作

丰田凌志 LS400 的电控悬架系统有 3 个操作选择开关：高度控制开关和 LRC（模式控制）开关及高度控制 ON/OFF 开关。

（1）高度控制 ON/OFF 开关安装在汽车尾部后备箱的左边。当高度控制 ON/OFF 开关处于 ON 位置时，系统可按选择方式进行车身高度自动控制；当该开关处于 OFF 位置时，系统不执行车身高度控制。

（2）高度控制开关和 LRC 开关安装在驾驶室内变速操纵杆的旁边。

高度控制开关用于选择控制车身高度，当高度控制开关处于 HIGH 位置时，系统对车身高度进行"高值自动控制"；当高度控制开关处于 NORM 位置时，车身高度则进入"常规值自动控制"状态。

LRC 开关用于选择控制悬架的刚度、阻尼系数。当 LRC 开关处于 SPORT 位置时，系统进入"高速行驶自动控制|"；当 LRC 开关处于 NORM 位置时，系统对悬架刚度、阻尼系数进行"常规值自动控制"。此时，悬架 ECU 根据车速传感器等信号，使悬架的刚度、阻尼系数自动地处于软、中或硬 3 种状态。

3. 系统组成及工作原理

1）系统组成

丰田 LS400 的电控悬架系统机械部分由 4 个减振支柱（包括空气弹簧和阻尼可调减振器组成）及导向机构组成。其电控系统由传感器及开关、电子控制单元（ECU）和执行器

3 部分组成，具体来说，传感器包括车身高度传感器、方向盘转角传感器、车速传感器、节气门位置传感器等；开关有模式控制开关、车身高度控制开关、车身高度控制 ON/OFF 开关等；执行器包括车身高度控制电磁阀、排气电磁阀、悬架控制执行器、空气压缩机电机等。

　　丰田 LS400 的电控悬架系统元件在车上的位置如图 3-27 所示，元件相互连接关系如图 3-28 所示。

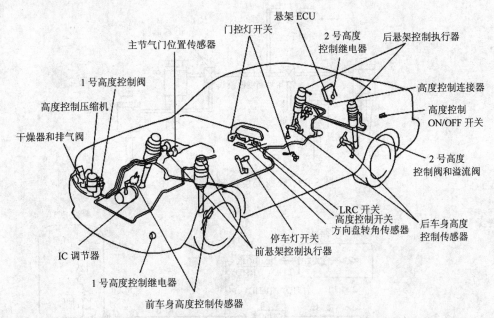

图 3-27　LS400 电控悬架系统元件分布图

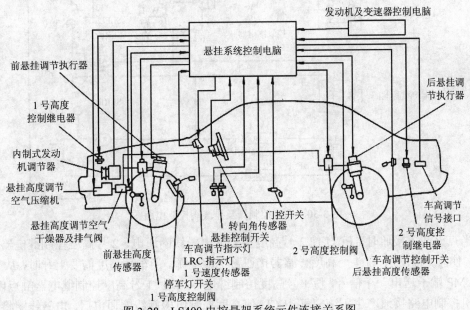

图 3-28　LS400 电控悬架系统元件连接关系图

2）控制原理

（1）车身高度控制。车身高度控制系统由压缩机、干燥器、排气阀、1 号高度控制继电器、2 号高度控制继电器、1 号高度控制阀、2 号高度控制阀、前后左右 4 个空气弹簧、4 个车身高度传感器及悬架 ECU 等组成。图 3-29 所示为车身高度控制系统示意图，图 3-30 为 1 号、2 号高度控制阀及排气阀控制电路图，图 3-31 为空气压缩机控制电路图。

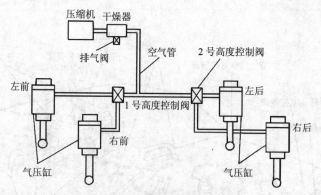

图 3-29　车身高度控制系统示意图

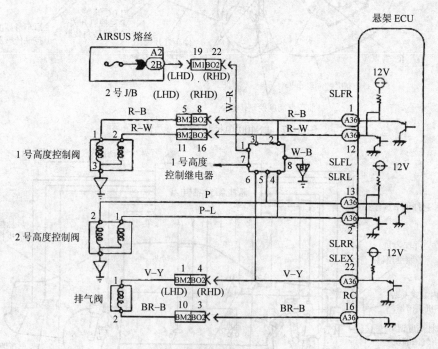

图 3-30　高度控制阀及排气阀控制电路图

当点火开关接通时，ECU 使 2 号高度控制继电器线圈通电，2 号高度控制继电器触点闭合，使前、后、左、右 4 个高度传感器接通蓄电池电源。当车身高度需要上升时，从 ECU 的 RCMP 端子送出一个信号，使 1 号高度控制继电器接通，1 号高度控制继电器触点闭合，压缩机控制电路接通产生压缩空气。ECU 使高度控制电磁阀线圈通电后，电磁线圈将高度控制阀打开，并将压缩空气引向空气弹簧，从而使车身高度上升。

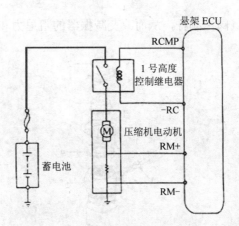

图 3-31 空气压缩机控制电路图

当车身高度需要下降时，ECU 不仅使高度控制阀电磁线圈通电，而且还使排气阀电磁线圈通电，排气阀电磁线圈使排气阀打开，将空气弹簧中的压缩空气排到大气中。

1 号高度控制阀用于前悬架控制，它有两个电磁阀分别控制左右两个空气弹簧。2 号高度控制阀用于后悬架控制，它与 1 号高度控制阀一样，也采用两个电磁阀。为了防止空气管路中产生不正常的压力，2 号高度控制阀中采用了一个溢流阀。

悬架系统的车身高度传感器采用光电式传感器，为了检测汽车高度和因道路不平而引起的悬架位移量，在每个悬架上都装有一只车身高度传感器，用于连续监测车身与悬架下臂之间的距离。图 3-32 所示为车身高度传感器与 ECU 之间的连接电路图。

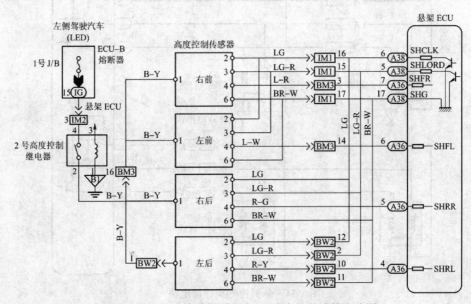

图 3-32 车身高度传感器与 ECU 之间的连接电路图

（2）弹簧刚度和减振器阻尼力控制。LS400 轿车电控空气悬架系统空气弹簧的结构如图 3-33 所示。悬架系统弹簧刚度和减振器阻尼力控制执行器安装在空气弹簧的上部，悬架控制执行器电路如图 3-34 所示，ECU 将信号送至悬架控制执行器以同时驱动减振器的阻尼调节杆和空气弹簧的气阀控制杆，从而改变减振器的阻尼力和悬架弹簧刚度。

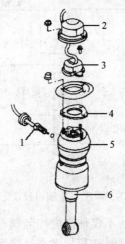

图 3-33　气压缸的结构

1—空气管；2—执行器盖；3—执行器；4—悬架支座；5—气室；6—减振器。

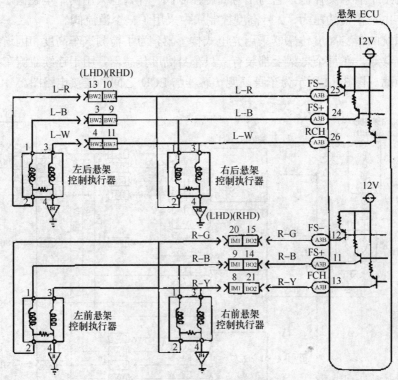

图 3-34　悬架控制执行器电路

4. 系统电路图

图 3-35 为 LS400 悬架 ECU 端子排列图，图 3-36 为 LS400 电子控制空气悬架系统的线路连接图。

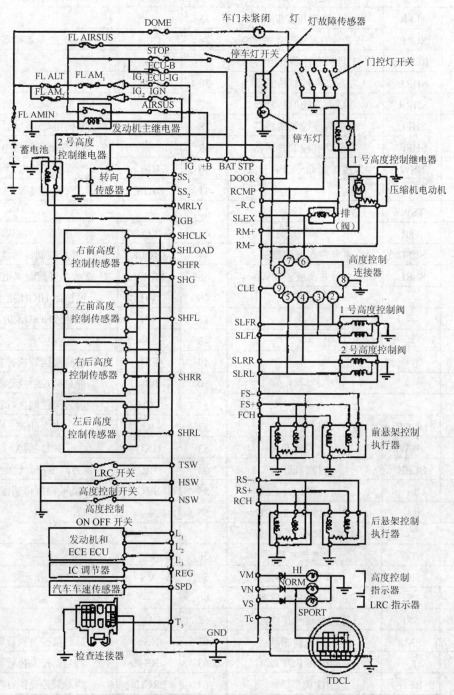

图 3-35　悬架 ECU 端子排列

图 3-36　LS400 电子控制空气悬架系统的线路连接图

表 3-2 为连接器各接线端子与 ECU 连接对象的对应关系。

表 3-2　连接器各接线端子与 ECU 连接对象的对应关系

序号	代号	连接对象	序号	代号	连接对象
1	SLFR	1 号右高度控制阀	33	—	—
2	SLRR	2 号右高度控制阀	34	CLE	高度控制连接器
3	RCMP	1 号高度控制继电器	35	—	—
4	SHRL	左后高度控制传感器	36	—	—
5	SHRR	右后高度控制传感器	37	—	—
6	SHFL	左前高度控制传感器	38	RM−	压缩机电动机（马达）
7	SHFR	右前高度控制传感器	39	+B	悬架控制执行器电源
8	NSW	高度控制 ON/OFF 开关	40	IGB	高度控制电源
9	—	—	41	BATT	备用电源
10	TSW	LRC 开关	42	—	—
11	STP	停车灯开关	43	SHLOAD	高度控制传感器
12	SLFL	1 号左高度控制阀	44	SHCLK	高度控制传感器
13	SLRL	2 号左高度控制阀	45	MRLY	2 号高度控制继电器
14	—	—	46	VH	高度控制 HIGH 指示灯
15	—	—	47	VN	高度控制 NORM 指示灯
16	—	—	48	—	—
17	—	—	49	FS+	前悬架控制执行器
18	—	—	50	FS−	前悬架控制执行器
19	—	—	51	FCH	前悬架控制执行器
20	DOOR	门控灯开关	52	IG	点火开关
21	HSW	高度控制开关	53	GND	ECU 接地
22	SLEX	排气阀	54	−RC	1 号高度控制继电器
23	L_1	发动机和 ECT ECU	55	SHG	高度控制传感器
24	L_3	发动机和 ECT ECU	56	—	—
25	T_C	TDCL 和检查连接器	57	—	—
26	T_S	检查连接器	58	—	—
27	SPD	汽车车速传感器	59	VS	LRC 指示灯
28	SS_2	方向盘转角传感器	60	—	—
29	SS_1	方向盘转角传感器	61	—	—
30	RM_+	压缩机传感器	62	RS+	后悬架控制执行器
31	L_2	发动机和 ECT ECU	63	RS−	后悬架控制执行器
32	REG	IG 调节器	64	RCH	后悬架控制执行器

5．指示灯故障表及故障代码表

1）指示灯故障表

LS400 电控悬架系统指示灯状况可反映悬架系统是否有电气故障并提供故障诊断辅助信息，如表 3-3 所列。

表 3-3　LS400 悬架系统指示灯显示故障及其诊断

故障征兆	检查电路
打开点火开关，SPORT、HI 和 NORM 指示灯不亮	车身高度控制供电电路、指示灯电路
打开点火开关后，SPORT、HI 和 NORM 指示灯亮 2s，然后全部熄灭	悬架控制执行器供电电路
SPORT、HIGH 或 NORM 指示灯中部分不亮，HEIGHT 照明灯不亮	相应指示灯电路、HEIGHT 照明灯电路
即使 LRC 开关拨到 NORM 侧， SPORT 指示灯仍亮	LRC 开关电路
注：（1）当打开点火开关时，HEIGHT 照明灯保持点亮状态； （2）当高度控制 NORM 指示灯以 1s 间隔闪烁时，表明 ECU 存储器中存有故障代码	

2）故障代码表

当 LS400 电控悬架系统产生电气故障时，悬架 ECU 中会产生故障代码并存储下来，LS400 电控悬架故障代码如表 3-4 所列。

表 3-4　LS400 电控悬架系统故障代码表

故障代码	系　　统	故障诊断	NORM 指示灯	是否存在故障
11	前右高度控制传感器电路	断路或短路	闪烁	存储
12	前左高度控制传感器电路		闪烁	存储
13	后右高度控制传感器电路		闪烁	存储
14	后左高度控制传感器电路		闪烁	存储
21	前悬架控制执行器电路	断路或短路	闪烁	存储
22	后悬架控制执行器电路		闪烁	存储
31	1 号高度控制阀电路	断路或短路	闪烁	存储
33	2 号高度控制阀电路（右悬架）		闪烁	存储
34	2 号高度控制阀电路（左悬架）		闪烁	存储
35	排气阀电路	断路或短路	闪烁	存储
41	1 号高度控制继电器电路	断路或短路	闪烁	存储
42	压缩机电机电路	短路或电机卡住	闪烁	存储
51	向 1 号高度控制继电器供电时间超限	供电时间超过 8.5min	不闪烁	存储
52	向排气阀供电时间超限	供电时间超过 6min	不闪烁	存储
61	悬架控制信号	ECU 故障	不闪烁	存储

（续）

故障代码	系　　　统	故障诊断	NORM指示灯	是否存在故障
71	高度控制 ON/OFF 开关电路	短路或开关被置于"ON"状态	闪烁	不存储
72	悬架控制执行器供电电路	断路或悬架熔断丝烧断	不闪烁	不存储

【思考与练习题】

一、填空题

1. 电控悬架可以进行_____调节、阻尼系数调节及_____调节。

2. 电控悬架系统在进行防侧倾控制时需要用到_____传感器和_____传感器的信号。

3. LS400 电控悬架系统的执行器有_____、_____和气泵电机。

二、判断题

1. 主动悬架的车身高度是利用空气弹簧中主气室空气量的多少来进行调节。（　　　）

2. 路面差时，电控悬架路感控制降低弹簧刚度和减振器阻尼力，以抑制车身振动。（　　　）

3. 通过改变空气弹簧中主气室空气量的多少可调节悬架刚度。（　　　）

4. 电控悬架可提高汽车的舒适性及行驶稳定性。（　　　）

5. 主动悬架控制的参数可以是车身高度、弹簧刚度、减振器阻尼系数等。（　　　）

三、单选题

1. 某装置有电控空气悬架系统的轿车，空气压缩机工作频繁，（　　　）是不可能引起这种故障的原因。

    A. 空气管路漏气　　　　　　　　　B. 高度控制传感器故障

    C. 气室膜片细微破损　　　　　　　D. 减振器漏油

2. 以下有关电控减振器的陈述中哪个正确？（　　　）

    A. 减振器阻尼力的控制通过电机驱动转阀来实现

    B. 转阀通过变换节流孔的通道面积控制减振器阻尼力，实现减振器软、中、硬3种工况

    C. ECU 根据汽车行驶工况的需要，控制执行电动机以正反方向旋转

    D. 以上都正确

3. 对于电控悬架系统的车轮定位作业，下列说法中正确的是（　　　）。

    A. 车轮必须具备两种不同的定位设置，一种是用于空载，一种是用于满载

    B. 在进行作业和读取定位参数之前，通常关闭悬架控制系统

    C. 只能进行前后轮的前束调整，因为其他定位参数已由悬架固定而不可调整

    D. 以上都正确

4. 汽车的载荷增加时，（　　　）能自动调节车身高度。

    A. 横向扭力杆　　B. 螺旋弹簧　　C. 空气弹簧　　D. 减振器

四、简答题

1. 画出 LS400 轿车电控悬架气源系统的气路图，分别写出空气弹簧的进气路线与排气路线。

2. LS400 电控悬架从哪几个方面对悬架进行控制？分别是如何控制的？

项目四

机械转向系统检修

【项目描述】

一辆普桑轿车转向时方向盘自由行程过大，需打过较大角度车子才真正开始转向，车辆转向明显滞后，通过此故障引出本项目。本项目的主要任务有转向系统外观检查、转向系统拆卸、分解与检查转向器及安装转向系统。

【知识目标】

（1）掌握转向系统的功用、类型及组成。
（2）理解转向系统的主要参数及转向理论。
（3）掌握机械转向系统的组成、结构与工作原理。
（4）掌握机械转向系统的调整部位及调整方法。

【技能目标】

（1）能正确对机械转向系统进行外观检查。
（2）能正确拆卸齿轮齿条式机械转向系统。
（3）能正确分解与检查齿轮齿条式转向器。
（4）能正确安装齿轮齿条式转向系统。

↗ 任务一　转向系统外观检查

【任务描述】

本任务检查桑塔纳轿车转向传动机构、转向操纵机构、前轮轮毂轴承等位置是否有零件过度磨损、松动或损坏。

【任务分析】

转向盘自由行程是由转向系统间隙及零件弹性变形引起的。转向系统弹性变形一般不会明显增加，转向盘自由行程过大最常见的原因是转向系统啮合副、连接点的过度磨损。此外，转向系统部件安装松动、连接点松动及轮毂轴承松动或过度磨损也都会引起转向盘自由行程增大。本任务在不进行任何解体的情况下对一些可能引起转向盘自由行程增大的部位进行检查。

本任务需要以下工具、设备：普桑轿车整车、举升机、常用工具。

【任务实施】

一、测量转向盘自由行程

左、右转动转向盘，感受其无阻力转动的区间，用钢板尺在转向盘边缘测量转向盘在此区间转动时边缘某固定点移动过的距离，即为转向盘自由行程。普桑轿车转向盘自由行程规定值为 15mm～20mm，超过 20mm 即为过大。

二、横拉杆及球头检查

（1）用举升机将车辆举起至头顶。

（2）握住横拉杆，左右前后晃动，感觉是否有明显间隙，如图 4-1 所示。

（3）目视检查横拉杆有无弯曲或损坏。

（4）检查横拉杆球头防尘罩是否开裂或老化，如图 4-2 所示。横拉杆球头防尘罩若开裂或老化将导致泥砂进入球头铰链，引起异常磨损，应立即更换。

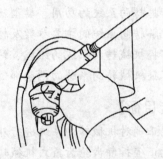

图 4-1　检查横拉杆球头是否松旷　　　　图 4-2　检查横拉杆球头防尘罩

三、下摆臂及球头、万向节护套检查

（1）左右前后晃动下摆臂，检查下摆臂球头是否有明显间隙，如图 4-3 所示。

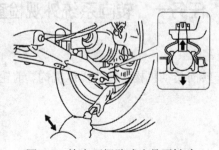

图 4-3　检查下摆臂球头是否松旷

（2）检查下摆臂球头防尘罩是否破裂或老化，如图4-4所示。下摆臂球头防尘罩若开裂或老化将导致泥砂进入球头铰链，引起异常磨损，应立即更换。

（3）检查万向节护套是否开裂或老化，如图4-5所示。万向节护套若开裂或老化将导致泥砂进入万向节，引起异常磨损，应立即更换。

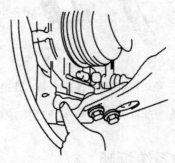
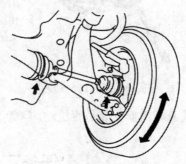

图4-4　检查下摆臂球头防尘罩　　　　　　　图4-5　检查万向节护套

四、轮毂轴承检查

（1）检查轮毂轴承是否松旷，双手握住车轮，左右晃动，感觉是否有明显间隙，如图4-6所示。轮毂轴承松旷的可能原因为过度磨损或安装松动，需进一步判断。

（2）检查轮毂轴承旋转状况，用手转动车轮，感觉车轮转动是否平稳，是否有异响产生，如图4-7所示。

若车轮转动不平稳，且轮毂轴承处有异响发生，则可判定轮毂轴承已异常磨损或损坏，应更换轮毂轴承。

若车轮转动较平稳，无异响，但车轮可明显晃动，则可判定轮毂轴承安装松动，需拆卸车轮后对轮毂轴承进行预紧力调整。

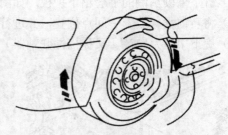

摆动

图4-6　检查轮毂轴承是否松旷　　　　　　图4-7　检查轮毂轴承旋转状况

五、转向系统其他连接、安装部位检查

（1）检查转向盘是否松旷，握住转向盘，上下拉动、左右晃动，感觉转向盘与转向轴是否有间隙。若转向盘松旷，应检查螺母是否拧紧，其标准力矩为40N·m，如图4-8所示。

（2）检查上、下转向轴可分离式连接是否松动，用手握住下转向轴并沿转向轴径向及轴向晃动，检查是否存在间隙，上、下转向轴可分离式连接如图4-9所示。

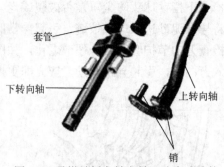

图 4-8　紧固转向盘与转向轴连接　　　图 4-9　桑塔纳轿车转向轴可分离式连接

（3）检查转向器安装是否松动，晃动转向器壳，查看转向器与车身连接是否松动。

任务二　转向系统拆卸

【任务描述】

将转向横拉杆、挠性联轴器与转向器分离，将转向器从车身上拆卸下来。

【任务分析】

经过前面的检查和调整后，若转向盘自由行程仍过大，则很有可能是转向器内齿轮、齿条过度磨损、轴承过度磨损或损坏等原因造成的，因此需要将转向器从车上拆卸下来以便解体检查。

本任务需要以下工具、设备：普桑轿车整车、举升机、常用工具。

【任务实施】

（1）拆下驾驶员侧的手套箱下护板，如图 4-10 所示。

（2）将转向盘置放于中间点位置，并进行标记。

（3）旋下柔性万向节（又称挠性联轴器）的紧固螺栓，如图 4-11 所示。

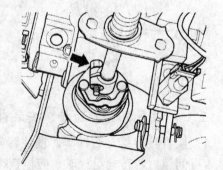

图 4-10　拆卸手套箱下护板　　　　　图 4-11　旋下柔性万向节紧固螺栓

（4）旋下转向器与齿条的两个固定螺栓，如图 4-12 所示。

（5）从支架上拆卸转向减振器的一端，从转向器壳体上拆下转向减振器的另一端，取下转向减振器。

（6）旋下转向器壳与串线板上的两个固定螺母，如图 4-13 所示。

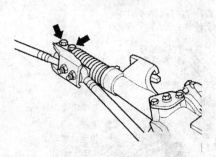
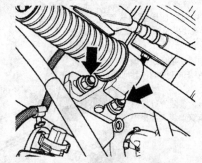

图 4-12　旋下转向器与齿条固定螺栓　　　图 4-13　旋下转向器壳与串线板固定螺母

（7）拆下右前轮，旋下转向器壳与车身上的两个固定螺母，如图 4-14 所示。

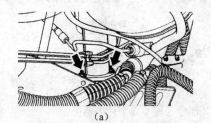
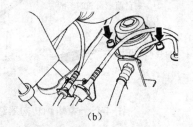

（a）　　　　　　　　　　　　　　　　　（b）

图 4-14　旋下转向器壳与车身固定螺母

（a）转向器壳右端固定螺母；（b）转向器壳左端固定螺母。

（8）从右轮罩侧取出转向器。

任务三　分解与检查转向器

【任务描述】

将桑塔纳轿车转向器总成分解，检查其齿轮、齿条的磨损情况，对齿轮齿条式转向器进行检修，之后进行装复及预紧力调整。

【任务分析】

齿轮齿条式转向器啮合副及轴承的过度磨损会导致转向盘自由行程过大，需解体对其进行检查及维修。实际工作中，若齿轮齿条式转向器内部零件过度磨损或车辆碰撞导致转向器损伤，通常是更换转向器总成。本任务主要为了加强对齿轮齿条转向器结构、原理的认识及强化实践动手能力。

本任务需要以下工具、设备：桑塔纳轿车转向器总成、常用工具、大众专用维修工具、台虎钳、百分表及其支座、V 型铁。

【任务实施】

一、齿轮齿条式转向器的分解

桑塔纳轿车齿轮齿条式转向器螺栓、螺母的标准力矩及一些拆装要点如图 4-15 所示。

注意，所有自锁螺栓、螺母拆装后需更换，不可对转向器零件进行整形或焊接。

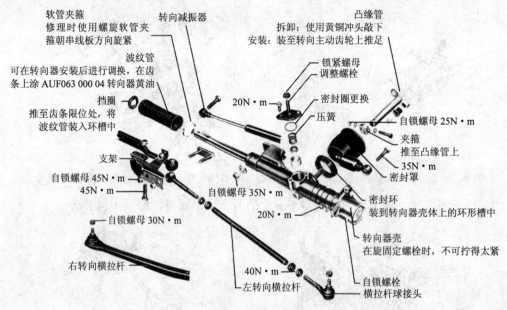

软管夹箍
修理时使用螺旋软管夹
箍朝串线板方向旋紧

转向减振器

凸缘管
拆卸：使用黄铜冲头敲下
安装：装至转向主动齿轮上推足

波纹管
可在转向器安装后进行调换，在齿
条上涂 AUF063 000 04 转向器黄油

锁紧螺母
调整螺栓

密封圈更换
压簧

挡圈
推至齿条限位处，将
波纹管装入环槽中

20N·m

自锁螺母 25N·m

夹箍
推至凸缘管上
35N·m

密封罩

支架

自锁螺母 45N·m
45N·m

自锁螺母 35N·m

20N·m

密封环
装到转向器壳体上的环形槽中

自锁螺母 30N·m

转向器壳
在旋固定螺栓时，不可拧得太紧

右转向横拉杆

40N·m
左转向横拉杆

自锁螺栓
横拉杆球接头

图 4-15　桑塔纳转向器结构总图（部分零件不属于转向器）

桑塔纳轿车转向器的分解步骤如下。

（1）拆下软管夹箍，取下齿条波纹管。

（2）拆下齿轮齿条压紧机构盖板螺栓，取下盖板、压紧弹簧、压块。

（3）拆下小齿轮轴承调整螺钉的锁紧螺母，如图 4-16 所示。

（4）拆下小齿轮轴承调整螺钉，如图 4-17 所示。

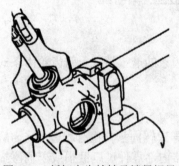

图 4-16　拆卸小齿轮轴承锁紧螺母

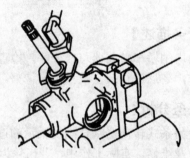

图 4-17　拆卸小齿轮轴承调整螺钉

（5）取出小齿轮轴（包括上轴承）。

（6）取出齿条。

二、转向器主要零件的检修

对齿轮齿条式转向器主要零件的检修需进行以下项目。

（1）零件出现裂纹应更换，横拉杆、齿条在总成修理时应进行隐伤检验。

（2）齿条的径向圆跳动误差不得大于 0.30mm，其检查方法如图 4-18 所示。

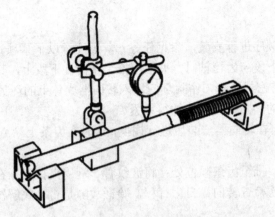

图 4-18 百分表检查齿条径向圆跳动

（3）齿面上无疲劳剥蚀及严重磨损，若出现左右大转角时转向沉重，且又无法调整时应更换。

（4）检查小齿轮轴承是否过度磨损或损坏，若有则更换小齿轮轴承。

三、齿轮齿条式转向器的装配与调整

按以下步骤装配转向器，并调小齿轮轴承及齿轮齿条的预紧力。

（1）将上轴承压在转向齿轮轴颈上，轴承内座圈与齿端之间应装好隔圈。

（2）将转向齿轮及轴承一块压入转向器壳体。

（3）装上轴承调整螺钉，并调整转向齿轮轴承预紧度。手感应无轴向窜动，转动自如，转向齿轮的转向力矩符合原厂规定，约为 0.5N·m。

（4）紧固锁紧螺母，并装好防尘罩。

（5）将齿条装入转向器壳体。

（6）安装齿条衬套。转向齿条与衬套的配合间隙不得大于 0.15mm。

（7）装入转向齿条压块、压紧弹簧、弹簧座、盖板（包括调整螺钉及锁紧螺母）。

（8）调整转向齿条与转向齿轮的预紧力。

其预紧力的调整步骤是先旋转盖板上的调整螺钉，使弹簧座与压块接触，再将调整螺钉旋出 30°～60°之后，检查转向齿轮的转动力矩，如此重复操作，直至使转向齿轮轴上的转动力矩为 1N·m～2N·m，最后紧固锁紧螺母。

任务四　安装转向系统

【任务描述】

将检修好的转向系统部件安装回车上。

【任务分析】

转向盘自由行程过大完全是机械故障，前面的检修将可能导致此故障的各部位进行了检查与调整，此故障应该解决了，需将转向系统部件装回车上，并进行竣工检验。

【任务实施】

按与拆卸相反的顺序进行安装，参见任务二，需注意以下事项。

（1）连接转向柱下段与齿轮轴时，夹箍应推至转向柱下段上，其自锁螺母的拧紧力矩为25N·m。外面套有密封胶套，密封环应嵌入转向器壳体上的环形槽中。

（2）转向器壳体的紧固螺栓不可拧得太紧。

（3）波纹橡胶管可在转向器安装后进行调换，这时在齿条上涂 AUF 063 000 04 转向器黄油。

（4）波纹管挡圈，推至齿条限位处；将波纹管一端用夹箍夹紧在环形槽中。

安装完成后，再次检查转向盘自由行程，验证故障是否彻底解决。

【相关知识】

一、概述

1. 功用

汽车在行驶中经常需要改变行驶方向。汽车上由驾驶员操纵转向轮偏转和回位的一套机构，称为汽车转向系统。汽车行驶方向的改变是由驾驶员通过操纵转向系统来改变转向轮（一般是前轮）的偏转角度实现的。转向系统不仅可以改变汽车的行驶方向，使其按驾驶员规定的方向行驶，而且还可以克服由于路面侧向干扰力使车轮自行产生的转向，恢复汽车原来的行驶方向。

汽车转向系统的功用是改变和维持持汽车的行驶方向。

2. 基本组成

尽管汽车转向系统的结构形式多种多样，但都包括转向操纵机构、转向传动机构、转向器三大部分。转向传动机构的功能是将转向器输出轴的运动传递给转向臂，转向臂偏转车轮而改变汽车的行驶方向。转向器的功能是将转向盘的回转运动转换为传动机构的往复运动。转向操纵机构的功能是将驾驶员的操纵力传递给转向器。

3. 类型

按转向能源的不同，转向系统可分为机械转向系统和动力（助力）转向系统两大类。

1）机械转向系统

以驾驶员体力作为转向的唯一动力源，其所有传力部件都是机械的，如图 4-19 所示。

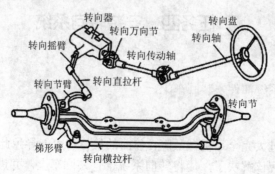

（a）

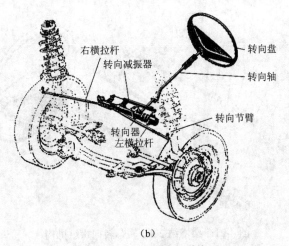

（b）

图 4-19　机械转向系统

（a）货车机械转向系统；（b）轿车机械转向系统。

2）动力转向系统

动力转向系统是兼用发动机（或电机）动力与驾驶员体力作为转向动力源的转向系统，如图 4-20 所示。动力转向系统类型很多，按传递动力的介质分主要有气压助力式、液压助力式及电动助力式。

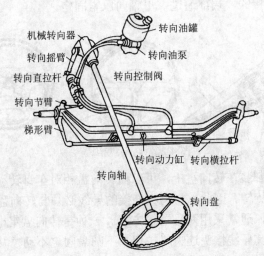

图 4-20　液压动力转向系统

二、转向操纵机构

1. 组成与结构

转向操纵机构的功用是将驾驶员的操纵力传递给转向器。转向操纵机构一般由转向盘、转向柱总成及附属机构（组合开关、点火开关、主安全气囊、姿态调整机构等）组成。图 4-21 所示为桑塔纳 2000 轿车转向操纵机构，零件 1～13 都属于转向柱总成，图中未画出附属机构。挠性联轴节 1 将转向操纵机构与转向器连接，支座 2 及转向柱支座 12 将转向柱总成固定在驾驶室的前围板上。

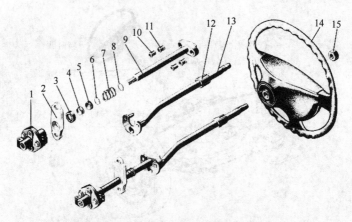

图 4-21　桑塔纳 2000 轿车转向操纵机构

1—挠性联轴节；2—支座；3—轴承；4—内环；
5—橡胶支承圈；6—垫圈；7—压簧；8—垫圈；9—下转向轴；10—衬套；
11—橡皮轴套；12—转向柱支座；13—上转向轴；14—转向盘组件；15—螺母。

2. 转向盘

转向盘的构造如图 4-22 所示，它主要由轮毂、轮辐和轮圈组成。轮辐和轮圈都有由钢、铝或镁合金制成的骨架，外表面通过注塑方法包裹一层塑料外层或合成橡胶。转向盘与转向轴一般是通过花键连接的，端部通过螺母轴向压紧固定。

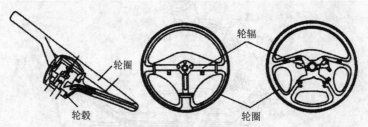

图 4-22　转向盘构造

汽车喇叭开关一般都装在转向盘上，可以随转向盘相对车身转动，而与喇叭连接的导线固定在车身上，不能旋转。因此，与喇叭连接的导线必须与转向盘的旋转部分进行电气连接。为解决这一问题，通常采用两种连接方式。一种是转向盘集电环，如图 4-23 所示，上圆盘随转向盘旋转，其导线接头连喇叭按钮，下圆盘固定不动，其导线接头连喇叭，上下圆盘之间用弹性触片导电。

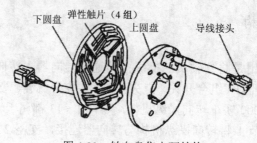

图 4-23　转向盘集电环结构

第二种是电缆盘，如图 4-24 所示，电缆盘将导线卷入盘内，在转向盘旋转范围内，导线靠卷筒自由伸缩。这种结构不存在机械磨损，可靠性高。

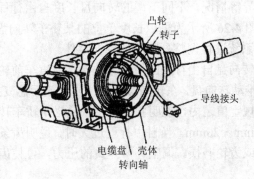

图 4-24　电缆盘结构

3．转向柱总成

转向柱总成将驾驶员作用于转向盘的操纵力传给转向器，它的上部与转向盘固定连接，下部连接转向器，其连接方式有两种：一种是与转向器输入轴直接连接；另一种是通过十字轴万向节或挠性联轴器与转向器输入轴连接。图 4-21 中的零件 1 即为挠性联轴器，它除了可以允许转向轴线与转向器输入轴有一定的交叉角度外，还可以有效地阻止路面对车轮的冲击经过转向器传到转向盘，从而可以显著减轻转向盘上的冲击振动。

三、转向器

1．功用与类型

1）功用

转向器是转向系统中的减速增力传动装置，其功用是增大由转向盘传到转向节的力，并改变力的传动方向。

2）类型

转向器的种类较多，一般按转向器中的传动副的结构形式分类。目前应用较广泛的有齿轮齿条式、循环球式、蜗杆曲柄指销式及蜗杆滚轮式等几种。绝大多数轿车采用齿轮齿条式转向器，采用它可以使整个转向系统的结构极大地简化。

2．基本概念

1）转向器传动效率

转向器传动效率指转向器的输出功率与输入功率之比。当功率由转向操纵机构输入转向器，再由转向器输出到转向传动机构时，所求得的传动效率称为正效率，反之称为逆效率。任何转向器都应具有尽可能高的正效率，以使转向轻便，而逆效率应当适当，不可过高或过低，以达到转向盘上既有合适的"路感"又不至于"打手"。

2）转向盘自由行程

转向系统各连接零件之间和传动副之间存在装配间隙，转向盘自由行程指当汽车直线行驶时，为消除这些间隙和克服转向系统零件的弹性变形使汽车发生偏转，即转向盘所转过的角度。一般规定，转向盘从中间位置向任一方向的自由行程不超过 10°～15°，总自由行程不超过 25°。

采用角度为单位测量转向盘自由行程需采用如图 4-25 所示的专用仪器，较为麻烦。实际操作中，常使用转向盘圆周转过的长度来代替角度自由行程，只需钢板尺即可测量。因不同车型转向盘直径差异等情况，不同车型的转向盘长度自由行程也不相同，需要查看维修资料获取其规定值。图 4-26 所示为采用长度单位的某轿车转向盘自由行程，当其数值大于 15mm 时需要对转向系统进行调整、坚固或更换零件。

齿轮齿条式转向系转向盘自由行程的检查方法是，使汽车前轮处于直线行驶状态，用指尖向左、向右侧轻轻推动转向盘，在转向盘外圆周上测量手感变重时（即车轮开始转动）的自由行程。如该值在规定值之内，说明状况正常。桑塔纳轿车转向盘自由行程在转向盘边缘处测量，其值为 15mm～20mm。当自由行程过大时，说明齿条与转向齿轮啮合间隙偏大，或各连接处松旷，或齿轮磨损。调整补偿弹簧的压力，可使齿条微量变形，实现无间隙或小间隙啮合。

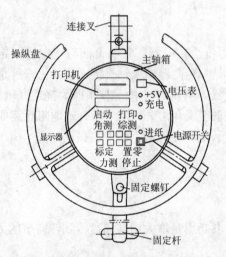

图 4-25　转向盘自由行驶检测用转向参数测量仪

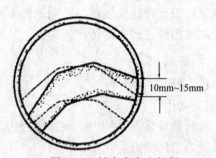

图 4-26　转向盘自由行程

3．齿轮齿条式转向器

1）类型与结构

齿轮齿条式转向器分两端输出式和中间输出式两种。

（1）图 4-27 所示为中间输出式齿轮齿条式转向器，它主要由转向器壳体 8、转向齿轮 9、转向齿条 5 等组成。转向器通过转向器壳体 8 的两端用螺栓固定在车身（车架）上。齿轮轴 6 通过球轴承 7、滚柱轴承 10 垂直安装在壳体中，其上端通过花键与转向轴上的万向节（图中未画出）相连，其下部分是与轴制成一体的转向齿轮 9。转向齿轮 9 是转向器的主动件。它与相啮合的从动件转向齿条 5 水平布置，齿条背面装有压簧垫块 4。在压簧 3 的作用下，压簧垫块 4 将齿条 5 压靠在齿轮 9 上，保证二者无间隙啮合。调整螺塞 1 可用来调整压簧的预紧力。压簧 3 不仅起消除啮合间隙的作用，而且还是一个弹性支承，可以吸收部分振动能量，缓和冲击。

转向齿条 5 的中部通过拉杆支架 12 与左、右转向横拉杆 11 连接。转动转向盘时，转向齿轮 9 转动，与之相啮合的转向齿条 5 沿轴向移动，从而使左、右转向横拉杆带动转向节 13 转动，使转向轮偏转，实现汽车转向。

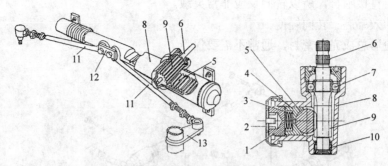

图 4-27　中间输出式齿轮齿条式转向器

1—调整螺塞；2—罩盖；3—压簧；4—压簧垫块；5—转向齿条；6—齿轮轴；7—球轴承；
8—转向器壳体；9—转向齿轮；10—滚柱轴承；11—转向横拉杆；12—拉杆支架；13—转向节。

（2）两端输出的齿轮齿条式转向器如图 4-28 所示，其结构与中间输出式齿轮齿条转向器相似，不同之处主要是其两根转向横拉杆 1 连接在转向齿条 4 的两端。作为传动副主动件的转向齿轮轴 11 通过轴承 12 和 13 安装在转向器壳体 5 中，其上端通过花键与万向节叉 10 和转向轴连接。与转向齿轮啮合的转向齿条 4 水平布置，两端通过球头座 3 与转向横拉杆 1 相连。弹簧 7 通过压块 9 将齿条压靠在齿轮上，保证无间隙啮合。

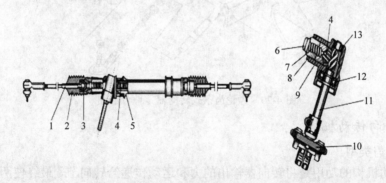

图 4-28　两端输出式齿轮齿条转向器

1—转向横拉杆；2—防尘套；3—球头座；4—转向齿条；5—壳体；6—调整螺塞；7—压紧
弹簧；8—锁紧螺母；9—压块；10—万向节叉；11—转向齿轮轴；12—向心球轴承；
13—滚针轴承。

弹簧的预紧力可用调整螺塞 6 调整。当转动转向盘时，转向齿轮轴 11 转动，使与之啮合的转向齿条 4 沿轴向移动，从而使左右横拉杆带动转向节左右转动，使转向车轮偏转，从而实现汽车转向。

图 4-29 所示是桑塔纳轿车齿轮齿条式转向器的零件分解图（图中还包括转向减振器、转向横拉杆、支架等不属于转向器的零部件）。

2）齿轮齿条式转向器的优点

（1）轻巧紧凑、结构简单、重量轻。齿条本身就起到转向传动杆系统的作用，使转向传动机构得以简化。

（2）齿轮直接啮合，所以转向反应非常灵敏。

（3）传动效率高、转向轻便。

（4）转向器总成完全密封，通常不需要保养。

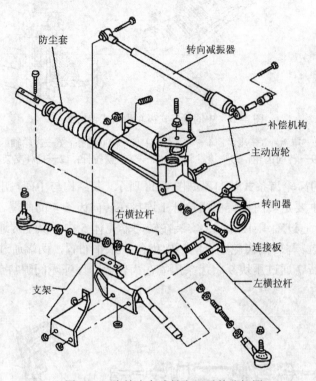

图 4-29　齿轮齿条式转向器零件分解图

四、转向传动机构

1. 功用与类型

转向传动机构的功用是将转向器输出的力和运动传递给转向节，最终使两侧转向轮偏转以实现汽车转向。

转向传动机构因转向器类型、悬架类型的不同也具有不同的结构形式，可将其分为与非独立悬架配用的转向传动机构（图 4-30）及与独立悬架配用的转向传动机构（图 4-31）。

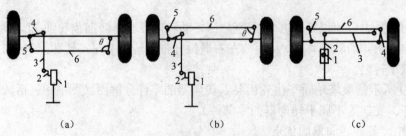

（a）　　　　　　　　（b）　　　　　　　　（c）

图 4-30　与非独立悬架配用的转向传动机构示意图

（a）转向梯形后置；（b）转向梯形前置；（c）转向梯形前置且直拉杆横置。

1—转向器；2—转向摇臂；3—转向直拉杆；4—转向节臂；5—梯形臂；6—转向横拉杆。

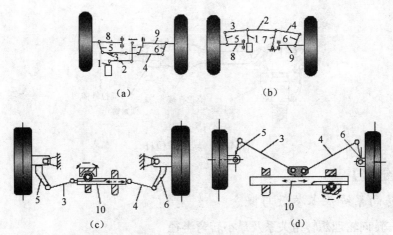

图 4-31　与独立悬架配用的转向传动机构示意图

(a) 循环球转向器、转向梯形后置；(b) 循环球转向器、转向梯形前置；
(c) 齿轮齿条转向器、转向梯形后置；(d) 齿轮齿条转向器、转向梯形前置。
1—转向摇臂；2—转向直拉杆；3—左转向横拉杆；4—右转向横拉杆；5—左梯形臂；
6—右梯形臂；7—摇杆；8—悬架左摆臂；9—悬架右摆臂；10—齿轮齿条式转向器。

2. 与齿轮齿条式转向器配用的转向传动机构

当转向轮采用独立悬架时，由于每个转向轮都需要相对于车架（或车身）作独立运动，所以，转向桥必须是断开式的。与此同时，转向传动机构中的转向梯形也必须分成两段或三段，如图 4-31 所示，其中图 4-31（a）、（b）所示机构与循环球式转向器配用，（c）、（d）所示机构与齿轮齿条式转向器配用。

上海桑塔纳轿车的转向传动机构如图 4-32 所示。转向齿条一端输出动力，输出端铣有平面并钻孔，用两个螺栓与转向支架连接。内托架下端的两个孔分别与左、右转向横拉杆总成的内端相连。横拉杆外端的球头销分别与左、右转向节臂连接。通过调节螺栓可以改变两根横拉杆总成的长度，以调整前束。

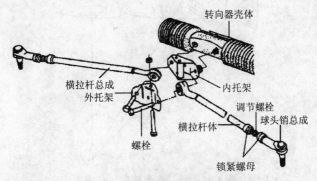

图 4-32　桑塔纳轿车转向传动机构

图 4-33 所示为转向横拉杆的结构，当需要调整前束时，松开锁紧螺母，转动横拉杆体，则横拉杆体会伸入或退出横拉杆接头总成，从而改变横拉杆总成的长度，即改变了前束值，调整合适后，将锁紧螺母拧紧，以防横拉杆长度自动改变。

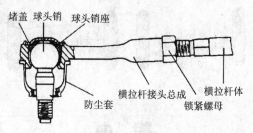

堵盖　球头销　球头销座

横拉杆接头总成　横拉杆体

防尘套　　锁紧螺母

图 4-33　转向横拉杆

【知识链接】

一、转向系统基本参数与概念

1. 左右转向轮理想转角关系及最小转弯半径

汽车转向时，内侧车轮和外侧车轮滚过的距离是不等的。对于一般汽车而言，后桥左右两侧的驱动轮由于差速器的作用，能够以不同的转速滚过不同的距离。但前桥左右两侧的转向轮要滚过不同的距离，必然要引起车轮沿路面边滚动边滑动，致使转向时的行驶阻力增大，轮胎磨损增加。为避免这种现象，要求转向系统能保证在汽车转向时，所有车轮均作纯滚动。显然，这只有在转向时，所有车轮的轴线都交于一点方能实现。此交点 O 称为汽车的转向中心，如图 4-34 所示。由图可见，汽车转向时内侧转向轮偏转角 β 大于外侧转向轮偏转角 α。α 与 β 的关系是

$$\cot a = \cot \beta + \frac{B}{L}$$

式中：B 为两侧主销中心距（略小于转向轮轮距）；L 为汽车轴距。

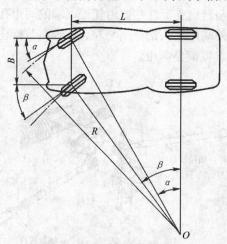

图 4-34　双轴汽车转向示意图

这一关系是由转向梯形保证的，故上式也称为转向梯形理论特性关系式。所有汽车转向梯形的设计实际上都只能保证在一定的车轮偏转角范围内，使两侧车轮偏转角大体上接近以上关系式。

从转向中心 O 到外侧转向轮与地面接触点的距离 R 称为汽车转弯半径。转弯半径 R

越小，则汽车转向所需要场地就越小，汽车的机动性也越好。从图 4-34 可以看出，当外侧转向轮偏转角达到最大值 α_{max} 时，转弯半径 R 最小。

汽车内侧转向轮的最大偏转角一般在 35°～42°之间。汽车的最小转弯半径一般为 5m～12m。

2. 转向系角传动比

转向盘的转角与安装在转向盘同侧的转向轮偏转角的比值称为转向系角传动比，用 i_W 表示。而转向盘转角和转向摇臂摆角之比 i_1 称为转向器角传动比。转向摇臂摆角与同侧转向节带动的转向轮偏转角之比 i_2 称为转向传动机构角传动比。显然 $i_W = i_1 \cdot i_2$。i_W 越大，转向操纵越轻便，但操纵灵敏性越差，所以 i_W 不能过大。

二、循环球式转向器

解放 CA1092 型汽车的循环球-齿条齿球式转向器如图 4-35 所示。它有两级传动副，第一级传动副是转向螺杆 12-转向螺母 3；螺母 3 的下平面加工成齿条，与齿扇轴 21 内的齿扇相啮合，构成齿条-齿扇第二级传动副。显然，转向螺母 3 既是第一级传动副的从动件，也是第二级传动副的主动件。通过转向盘转动转向螺杆 12 时，转向螺母 3 不能随之转动，而只能沿杆 12 转向移动，并驱使齿扇轴（即摇臂轴）21 转动。

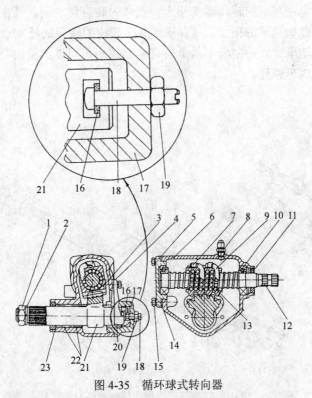

图 4-35　循环球式转向器

1—螺母；2—弹簧垫圈；3—转向螺母；4—转向器壳体密封垫圈；5—转向器壳体底盖；6—转向器壳体；7—导管夹；8—加油（通气）螺塞；9—钢球导管；10—球轴承；11、23—油封；12—转向螺杆；13—钢球；14—调整垫片；15—螺栓；16—调整垫圈；17—侧盖；18—调整螺钉；19—锁紧螺母；20、22—滚针轴承；21—齿扇轴（摇臂轴）。

转向螺杆 12 支承在两个推力球轴承 10 上，轴承的预紧度可用调整垫片 14 调整。在转向螺杆 12 上松套着转向螺母 3。为了减少它们之间的摩擦，二者的螺纹并不直接接触，其间装有许多钢球 13，以实现滚动摩擦。

当转动转向螺杆时，通过钢球将力传给转向螺母，使螺母沿螺杆 12 轴向移动。随着螺母 3 沿螺杆 12 作轴向移动，其齿条便带动齿扇绕着转向摇臂轴 21 作圆弧运动，从而使转向摇臂轴 21 连同摇臂产生摆动，通过转向传动机构使转向轮偏转，实现汽车转向。

由于摩擦力的作用，所有钢球 13 便在螺杆 12 与螺母 3 之间滚动，形成"球流"。

转向螺母 3 下平面上加工出的齿条是倾斜的，与之相啮合的是变齿厚齿扇。只要使齿扇轴 21 相对于齿条作轴向移动，便可调整二者的啮合间隙。调整螺钉 18 旋装在侧盖 17 上。齿扇轴 21 靠近齿扇的端部切有 T 形槽，螺钉 18 的圆柱形端头嵌入此切槽中，端头与 T 形槽的间隙用调整垫圈 16 来调整。旋入螺钉 18，则齿条与齿扇的啮合间隙减小；旋出螺钉则啮合间隙增大。调整好后用锁紧螺母 19 锁紧。

三、蜗杆曲柄指销式转向器

图 4-36 所示为东风 EQ1090E 型汽车所用的蜗杆曲柄双销式转向器，它主要由转向器壳体、转向蜗杆、转向摇臂轴、曲柄和指销、上下盖、调整螺塞和螺钉、侧盖等组成。

转向器壳体固定在车架的转向器支架上。壳体内装有传动副，其主动件是转向蜗杆，从动件是装在摇臂曲柄端部的指销。具有梯形截面螺纹的转向蜗杆支承在转向器壳体两端的两个向心推力球轴承上。转向器下盖上装有调整螺塞，用以调整向心推力轴承 1、2 的预紧度，调整后用螺母锁死。

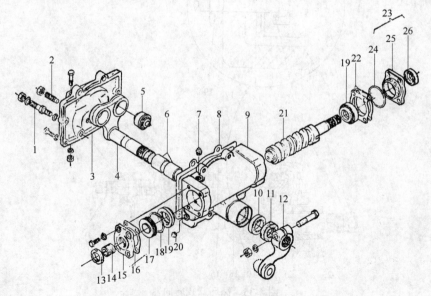

图 4-36　EQ1090E 型汽车所用的蜗杆曲柄双销式转向器

1—螺栓、螺母；2—摇臂轴调整螺钉及螺母；3—侧盖；4—摇臂轴；5—指销轴承总成；6—摇臂轴衬套；7—加油螺塞；8—侧盖衬垫；9—转向器壳体；10—油封；12—转向垂臂；13—螺母；14—蜗杆轴承调整螺塞；15—下盖；16—下盖衬垫；17—蜗杆轴承垫块；18—密封圈；19—蜗杆轴承；20—放油螺塞；21—蜗杆；22—调整垫片；23—上盖总成；24—密封圈；25—上盖；26—蜗杆油封。

蜗杆与两个锥形的指销相啮合，构成传动副。两个指销均用双列圆锥滚子轴承支承在曲柄上，并可绕自身轴线转动，以减轻蜗杆与指销啮合传动时的磨损，提高传动效率。销颈上的螺母用来调整轴承的预紧度，以使指销能自由转动而无明显轴向间隙为宜，调整后用锁片（图中未示出）将螺母锁住。

安装指销和双排圆锥滚子轴承的曲柄制成叉形，与摇臂轴制成一体。摇臂轴用粉末冶金衬套支承在壳体中。转向器侧盖上装有调整螺钉，旋入（或旋出）调整螺钉可以改变摇臂轴的轴向位置，以调整指销与蜗杆的啮合间隙，从而调整了转向盘自由行程，调整后用螺母锁紧。摇臂轴伸出壳体的一端通过花键与转向摇臂连接。

汽车转向时，驾驶员通过转向盘转动转向蜗杆（主动件）转动，与其相啮合的指销（从动件）一边自转，一边以曲柄为半径绕摇臂轴轴线在蜗杆的螺纹槽内作圆弧运动，从而带动曲柄、进而带动转向摇臂摆动，实现汽车转向。

四、转向柱附加机构

1. 能量吸收机构

安全式转向柱有可分离式安全转向操纵机构和缓冲吸能式转向操纵机构。

1）可分离式安全转向操纵机构

上海桑塔纳轿车采用了可分离式安全转向操纵机构，图 4-37（a）所示为转向操纵机构的正常工作位置。此类转向操纵机构的转向轴分为上下两段，两段用安全联轴节连接，上转向轴 2 下部弯曲并在端面上焊接有半月形凸缘盘 8，盘上装有两个驱动销 7，与下转向轴 1 上端凸缘 6 压装有尼龙衬套和橡胶圈的孔相配合，形成安全联轴节。一旦发生撞车事故，驾驶员因惯性而以胸部扑向转向盘 5 时，迫使转向管柱 3 压缩位于转向柱上方的安全元件 4 而向下移动，使两个销子 7 迅速从下转向轴凸缘 6 的孔中退出，从而形成缓冲而减少对驾驶员的伤害。图 4-37（b）为转向盘受撞击时，安全元件被折叠、压缩和安全联轴节脱开使转向柱产生轴向移动的情形。一汽红旗、奥迪轿车的转向操纵机构与此类似，如图 4-38 所示，只是无可折叠的安全元件。

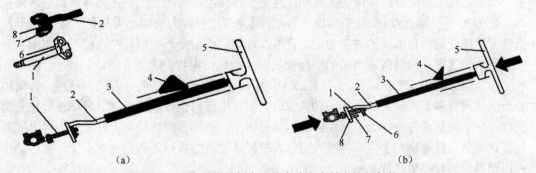

（a）　　　　　　　　　　　　　　　　（b）

图 4-37　上海桑塔纳轿车可分离式安全转向操纵机构

（a）正常工作位置；（b）碰撞后移位。

1—下转向轴；2—上转向轴；3—转向管柱；4—可折叠安全元件；5—转向盘；6—凸缘；
7—驱动销；8—半月形凸缘盘。

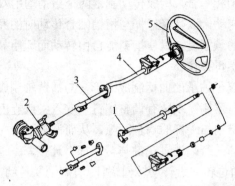

图4-38　一汽红旗、奥迪轿车转向操纵机构

1—驱动销；2—转向器；3—下转向轴；4—上转向轴；5—转向盘。

2）缓冲吸能式转向操纵机构

缓冲吸能式转向操纵机构从结构上能使转向轴和转向管柱在受到冲击后，轴向**收**缩并**吸收**冲击能量，从而有效地缓和转向盘对驾驶员的冲击，减轻其所受伤害的程度。

（1）网状管柱变形式。这种转向操纵机构的转向轴分为上下两段，如图4-39（a）所示。上转向轴2套装在转向轴3的内孔中，二者通过塑料销1结合在一起（也有采用细花键结合的），并传递转向力矩。塑料销的传力能力受到严格限制，它既能可靠地传递转向力矩，又能在受到冲击时被剪断，因此，它起安全销的作用。

这种转向操纵机构的转向管柱6的部分管壁制成网格状，使其在受到压缩时很容易轴向变形，并消耗一定的变形能量，如图4-39（b）所示。另外，车身上固定管柱的上托架8也是通过两个塑料安全销7与管柱连接的。当这两个安全销被剪断后，整个管柱就能前后自由移动了。

当发生第一次碰撞时，其一，塑料销1被剪断，上转向轴2将沿下转向轴3的内孔滑动伸缩。其二，转向管柱上的网格部分被压缩而变形，这两个过程都会消耗一部分冲击能量，从而阻止了转向管柱整体向上移动，避免了转向盘对驾驶员的挤压伤害。第二次碰撞时，固定转向管柱的塑料安全销7被剪断，使转向管柱和转向轴的上端能自由移动。同时，当转向管柱受到来自上端的冲击力后，会再次被轴向压缩变形并消耗冲击能量，如图4-39（b）所示。这样，由转向系引起的对驾驶员的冲击和伤害被大大降低了。

（2）钢球滚压变形式。图4-40（a）所示为一种用钢球连接的分开式转向柱。转向轴分为上转向轴和套在轴上的下转向轴两部分，二者用塑料销钉连成一体。转向柱管也分为上柱管和下柱管两部分，上、下柱管之间装有钢球，下柱管的外径与上柱管的内径之间的间隙比钢球直径稍小。上、下柱管连同柱管托架通过特制橡胶垫固定在车身上，橡胶垫则利用塑料销钉与托架连接。

当发生第一次碰撞时，将连接上、下转向轴的塑料销钉切断，下转向轴便套在上转向轴上向上滑动，如图4-40（b）所示。在这一过程中，上转向轴和上柱管的空间位置没有因冲击而上移，故可使驾驶员免受伤害。第二次碰撞时，则连接橡胶垫与柱管托架的塑料销被切断，托架脱离橡胶垫，即上转向轴和上转向柱管连同转向盘、托架一起，相对于下转向轴和下转向柱管向下滑动，从而减缓了对驾驶员胸部的冲击。在上述两次冲击过程中，上、下转向柱管之间均产生相对滑动。因为钢球的直径稍大于上、下柱管之间隙，所以滑动中带有对钢球的挤压，冲击能量就在这种边滑动边挤压的过程中被吸收。

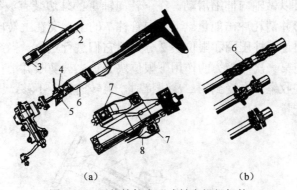

（a）　　　　　　　　　　　　（b）

图 4-39　网状管柱变形式转向操纵机构

（a）结构；（b）挤压变形。

1—塑料销；2—上转向轴；3—下转向轴；4—凸缘盘；5—下托架；6—转向管柱；
7—塑料安全销；8—上托架。

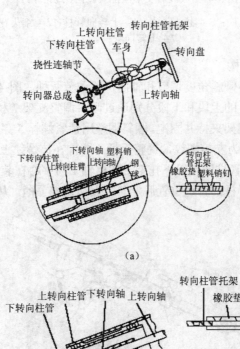

（a）

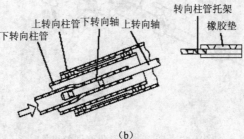

（b）

图 4-40　钢球滚压变形式转向管柱

（a）结构；（b）挤压变形。

（3）波纹管变形吸能式。如图 4-41 所示，波纹管变形吸能式转向操纵机构的转向轴和转向管柱都分成两段，上转向轴 3 和下转向轴 1 之间通过细齿花键 5 结合并传递转向力矩，同时它们二者之间可以做轴向伸缩滑动。在下转向轴 1 的外边装有波纹管 6，它在受到冲击时能轴向**收缩**变形并消耗冲击能量。下转向管柱 7 的上端套在上转向管柱里面，但二者不直接连接，而是通过管柱压圈和限位块 2 分别对它们进行定位。当汽车撞车时，下转向管柱 7 向上移动，在第一次碰撞力的作用下限位块 2 首先被剪断并消耗能量，同时转向管柱和转向轴都做轴向**收缩**。在受到第二次碰撞时，上转向轴 3 下移，压缩波纹管 6 使之**收**缩变形并消耗冲击能量。

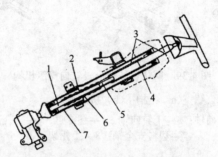

图 4-41　波纹管变形吸能式转向操纵机构

1—下转向轴；2—限位块；3—上转向轴；4—上转向管柱；5—细齿花键；6—波纹管；
7—下转向管柱。

2. 高度和斜度调整机构

转向柱调节的形式分为倾斜角度调节和轴向位置调节两种。图 4-42 所示为转向轴倾斜角度调整机构。转向管柱 2 的上段和下段分别通过倾斜调整支架 7 和下托架 6 与车身相连，而且转向管柱由倾斜调整支架夹持并固定。倾斜调整用锁紧螺栓 5 穿过调整支架 7 上的长孔 3 和转向管柱，螺栓的左端为左旋螺纹，调整手柄 4 即拧在该螺纹上。当向下扳动手柄时，锁紧螺栓的螺纹放松，转向管柱即可以下托架上的枢轴 1 为中心在装有螺栓的支架长孔范围内上下移动。确定了转向管柱的合适位置后，向上扳动调整手柄，从而将转向管柱定位。

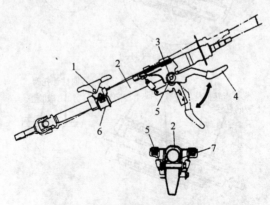

图 4-42　转向轴倾斜角度调整机构

1—枢轴；2—转向柱管；3—长孔；4—调整手柄；5—锁紧螺栓；6—下托架；
7—倾斜调整支架。

图 4-43（a）所示的是一种转向轴伸缩机构。转向轴分为上下两段，二者通过花键连接。上转向轴 2 由调节螺栓 4 通过楔状限位块 5 夹紧定位。调节螺栓的一端拧有调节手柄 3。当需要调整转向轴的轴向位置时，先向下推调节手柄 3，使限位块松开，再轴向移动转向盘，调到合适的位置后，向上拉调节手柄，将上转向轴锁紧定位。富康轿车采用的转向盘高度可调节机构的工作原理与此类似，如图 4-43（b）所示。

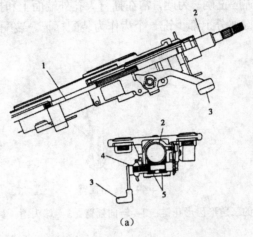

（a）

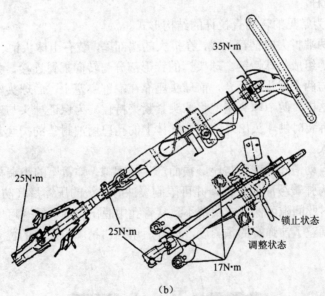

（b）

图 4-43　转向轴伸缩机构

（a）转向轴伸缩机构结构；（b）富康轿车的转向盘高度调节机构。
1—下转向轴；2—上转向轴；3—调节手柄；4—调节螺栓；5—楔状限位块。

五、与非独立悬架配用的转向传动机构

与非独立悬架配用的转向传动机构如图 4-30 所示。它一般由转向摇臂 2、转向直拉杆 3、转向节臂 4、两个梯形臂 5 和转向横拉杆 6 等组成。各杆件之间都采用球形铰链连接，并设有防止松动、缓冲吸振、自动消除磨损后的间隙等的结构。

下面具体介绍转向传动机构主要组成零件的结构。

1. 转向摇臂

图 4-44 所示为常见转向摇臂的结构形式。其大端具有三角细花键锥形孔，用以与转向摇臂轴外端相连接，并用螺母固定；其小端带有球头销，以便与转向直拉杆做空间铰链连接。转向摇臂安装后从中间位置向两边摆动的角度应大致相等，故在将转向摇臂安装到摇臂轴上时，二者相应的角度位置应正确。为此，常在摇臂大孔外端面上和摇臂轴的外端面上各刻有短线，或是在二者的花键部分上都少铣一个齿作为装配标记。装配时应将标记对齐。

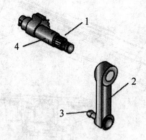

图 4-44　转向摇臂

1—带锥度的三角形齿形花键；2—转向摇臂；3—球头销；4—摇臂轴。

2. 转向直拉杆

图 4-45 所示为常见的转向直拉杆的结构形式。

直拉杆体由两端扩大的钢管制成，在扩大的端部里，装有由球头销、球头座、弹簧座、压缩弹簧和螺塞等组成的球铰链。球头销的锥形部分与转向摇臂连接，并用螺母固定；其球头部分的两侧与两个球头座配合，前球头座靠在端部螺塞上，后球头座在弹簧的作用下压靠在球头上，这样，两个球头座就将球头紧紧夹持住。为保证球头与座的润滑，可从油嘴注入润滑脂。拆装时供球头出入的直拉杆体上的孔口用油封垫的护套盖住，以防止润滑脂流出和污物侵入。

压缩弹簧能自动消除因球头与座磨损而产生的间隙，弹簧座的小端与球头座之间留有不大的间隙，作为弹簧缓冲的余地，并可限制缓冲时弹簧的压缩量（防止弹簧过载）。此外，当弹簧折断时此间隙可保证球头销不致从管孔中脱出。端部螺塞可以调整此间隙，调整间隙的同时也调整了前弹簧的预紧度，调好后用开口销固定螺塞的位置，以防松动。

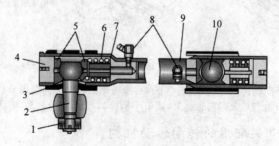

图 4-45　转向直拉杆

1—螺塞；2—球头销；3—橡胶防尘垫；4—螺塞；5—球头座；6—压缩弹簧；7—弹簧座；
8—油脂嘴；9—直拉杆体；10—转向摇臂球头销。

3. 转向横拉杆

图 4-46（a）所示为解放 CA1092 型汽车转向横拉杆。横拉杆体用钢管制成，其两端切有螺纹，一端为右旋，一端为左旋，与横拉杆接头旋装连接。两端接头结构相同，如图 4-46（b）所示。接头的螺纹孔壁上开有轴向切口，故具有弹性，旋装到杆体上后可用螺栓夹紧。旋松夹紧螺栓以后，转动横拉杆体，可改变转向横拉杆的总长度，从而调整转向轮前束。

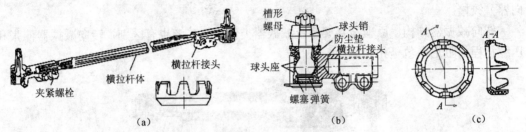

图 4-46　CA1092 型汽车转向横拉杆

（a）转向横拉杆；（b）接头；（c）球头座。

在横拉杆两端的接头上都装有球头销等零件组成的球形铰链。球头销的球头部分被夹在上、下球头座内，球头座用聚甲醛制成，有较好的耐磨性。球头座的形状如图 4-46（c）所示。装配时上、下球头座凹凸部分互相嵌合。弹簧通过弹簧座压向球头座，以保证两球头座与球头的紧密接触，在球头和球头座磨损时能自动消除间隙，同时还起缓冲作用。弹簧的预紧力由螺塞调整。球铰上部有防尘罩，以防止尘土侵入。球头销的尾部锥形柱与转向梯形臂连接，并用螺母固定、开口销锁紧。

4. 转向节臂和梯形臂

解放 CA1092 型汽车的转向节臂和梯形臂如图 4-47 所示。转向横拉杆通过转向节臂与转向节相连。转向横拉杆两端经左、右梯形臂与转向节相连。转向节臂和梯形臂带锥形柱的一端与转向节锥形孔相配合，用键防止螺母松动。臂的另一端带有锥形孔，与相应的拉杆球头销锥形柱相配合，同样用螺母紧固后插入开口销锁住。

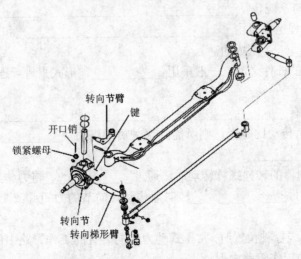

图 4-47　CA1092 型汽车转向节臂和梯形臂

113

六、转向减振器

随着车速的提高，现代汽车的转向轮有时会产生摆振（转向轮绕主销轴线往复摆动，甚至引起整车车身的振动），这不仅影响汽车的稳定性，而且还影响汽车的舒适性，加剧前轮轮胎的磨损。在转向传动机构中设置转向减振器是克服转向轮摆振的有效措施。转向减振器的结构如图 4-48 所示，其一端与车身（或前桥）铰接，另一端与转向直拉杆（或转向器）铰接。

转向减振器结构、原理与悬架系统减振器类似，但二者也有区别，转向减振器伸张和压缩行程的阻尼系数是相同的。

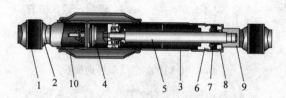

图 4-48　转向减振器

1—连接环衬套；2—连接环橡胶套；3—油缸；4—压缩阀总成；5—活塞及活塞杆总成；
6—导向座；　7—油封；8—挡圈；9—轴套及连接环总成；10—橡胶储液缸。

【思考与练习题】

一、填空题

1．转向系角传动比是指转向盘与＿＿＿＿＿＿＿＿＿＿的偏转角之比。

2．转向盘自由行程是指＿＿＿＿＿＿＿＿未发生偏转而转向盘所转过的角度。

3．齿轮齿条式转向器啮合间隙是通过＿＿＿＿＿＿＿＿＿＿＿＿＿＿来自动补偿的。

4．汽车转弯时，其＿＿＿＿＿＿＿＿侧车轮偏转角小；＿＿＿＿＿＿＿＿＿侧车轮偏转角大。

5．轿车最常用的转向器是＿＿＿＿＿＿＿＿式的，此外转向器还有＿＿＿＿＿＿＿＿式及＿＿＿＿＿＿＿＿式。

6．普通机械式转向系统包括＿＿＿＿＿＿＿＿、＿＿＿＿＿＿＿＿、＿＿＿＿＿＿＿＿ 3 部分。

7．转向盘自由行程主要是由＿＿＿＿＿＿＿＿、＿＿＿＿＿＿＿＿和＿＿＿＿＿＿＿＿＿＿＿＿造成的。

8．转向传动机构的杆件之间，一般采用＿＿＿＿＿＿＿＿＿形式来进行连接，以避免运动干涉。

9．常用的转向器有＿＿＿＿＿＿＿＿、＿＿＿＿＿＿＿＿和＿＿＿＿＿＿＿＿等形式。

10．转向系统的角传动比越大，则所需的驾驶员操纵力矩＿＿＿＿＿＿＿＿，但转向系统操纵灵敏应性＿＿＿＿＿＿＿＿。

11．循环球式转向器的转向螺杆转动时，通过＿＿＿＿＿＿＿＿将力传给螺母。

12．转向器的功用是＿＿＿＿＿＿＿＿转向盘传到转向节的力矩并改变力的传递方向和运动的形式。

13．当汽车处于直线行驶位置时，常压式动力转向装置的工作管路中保持＿＿＿＿＿＿＿；常流式动力转向装置的工作管路中保持＿＿＿＿＿＿＿＿。

二、判断题

1．转向器在调整轴承预紧度时，如果预紧度过大，易造成转向沉重。（　　）

2．车辆行驶的速度越大，前轮偏转后受到的回正力矩越大。（　　）

3．安全式转向柱是在转向柱上设置能量吸收装置，当汽车紧急制动或发生撞车事故时吸收冲击能量。（　　）

4．当汽车转弯时，内侧车轮转弯半径小于外侧车轮。（　　）

5．汽车转向时，外侧车轮偏转角度应小于内侧车轮。（　　）

6．横拉杆两端螺纹旋向不同，其目的是为了安装方便。（　　）

7．循环球式转向器螺杆上、下轴承过紧，将引起前轮摆振。（　　）

8．机械转向系统连接部位的松动会造成转向沉重。（　　）

9．转向横拉杆长度可调是为了方便装配时进行调整。（　　）

10．轮式汽车改变行驶方向的方法是使汽车转向桥相对于汽车纵轴线偏转一定角度。（　　）

11．转向系统角传动比是指转向盘的转角与转向盘同侧的车轮偏转角度的比值。（　　）

12．汽车转向器的角传动比越大，就越容易实现迅速转向，即转向灵敏性较高。（　　）

13．对于循环球式转向器来说，如果增加钢球数量，可提高承载能力。（　　）

14．齿轮齿条式转向器中，由于主动齿轮小、转矩传递效率较低，转向会相对较重。（　　）

15．汽车转向传动机构的功用是将转向器输出的力和运动传到转向桥两边的转向节，使两侧转向轮偏转。（　　）

16．汽车的动力转向实际上是依靠发动机输出的动力来帮助转向的。（　　）

17．转向传动机构是指转向盘至转向器间的所有连杆部件。（　　）

18．为使汽车正常转向，就要保持转向轮有正确的滚动和滑动。（　　）

19．对于高速轿车，要求有较高的转向灵敏度，故转向器传动比的变化规律应是中间大、两头小。（　　）

20．汽车转向器的啮合间隙调整要适当，过大会影响转向力，过小会加速传动副磨损。（　　）

21．对转向器做调整或维修之前，先仔细检查前轮定位、减振器、轮胎气压等，消除其他可能导致转向问题的因素。（　　）

22．汽车转向性能中的"不足转向"是指转弯半径随车速提高而变小的现象。（　　）

23．汽车行驶车速的高低决定了转向阻力的大小。（　　）

24．四轮转向系统汽车，当后轮与前轮同相位转向时，可以改善高速行驶时的操纵稳定性。（　　）

三、单选题

1．关于转向减振器的叙述，以下哪项不正确？（　　）

　　A．和悬架减振器工作特性一样

　　D．可减缓道路不平对转向系统的冲击

  C．降低转向盘的抖动

  D．一端与转向拉杆铰接，一端与车身铰接

2．对转向器而言，汽车在行驶过程中，路面作用在车轮的力经过转向系统可大部分传递给转向盘，这种转向器称为（   ）。

  A．可逆式的   B．不可逆式的

  C．极限可逆式的   D．极限不可逆式的

3．汽车在转向时，受轮胎侧偏刚度的影响，前轮所形成的侧偏角会产生（   ）的趋势。

  A．不足转向   B．过度转向

  C．中性转向   D．瞬时转向中心维持不变

4．受轮胎侧偏刚度与汽车质心后移的影响，汽车在转向时，后轮所形成的侧偏角会产生（   ）的趋势。

  A．不足转向   B．过度转向

  C．中性转向   D．瞬时转向中心维持不变

5．在汽车的横向垂直平面内，转向节主销中心线（   ）偏离垂线而向内有一个倾斜角，称为主销内倾角。

  A．左端   B．右端   C．上端   D．下端

6．以下部件中，（   ）不属于转向传动机构。

  A．转向摇臂   B．转向节臂   C．转向轮   D．转向横拉杆

7．（   ）不是循环球式转向器的属性。

  A．正传动效率高   B．自动回正作用好

  C．使用寿命长   D．路面冲击力不易造成转向盘振动现象

8．汽车转向盘不稳的原因不可能是由（   ）造成的。

  A．转向节主销与铜套磨损严重，配合间隙过大

  B．转向机蜗杆轴承装配过紧

  C．前束过大

  D．横直拉杆球节磨损松动

9．汽车转向传动机构中的横拉杆，对中间拉杆两端与球销总成相连接的部分而言，以下哪项正确？（   ）

  A．两端都是左旋螺纹

  B．两端都是右旋螺纹

  C．一端为左旋螺纹，另一端为右旋螺纹

  D．没有一定的要求

10．以下哪个是导致转向沉重的主要原因？（   ）

  A．前束太小   B．外倾角太大

  C．主销后倾角太大   D．转向半径不正确

11．前轮采用独立悬架的汽车，转向梯形机构中的横拉杆应是（   ）的。

  A．断开式   B．整体式   C．组合式   D．没有特别规定

12．影响转向器正效率的因素很多，在结构参数、质量要求一样的前提下，（　　）转向器的转向效率最高。

　　A．循环球式　　　　　　　　B．球面蜗杆式

　　C．齿轮齿条式　　　　　　　D．蜗杆曲柄指销式

13．前轮为转向轮的双轴汽车在转向时，为了保证车轮的纯滚动，4 个车轮应有（　　）个转向中心。

　　A．1　　　　　　B．2　　　　　　C．3　　　　　　D．4

14．汽车的轴距越长，则转弯半径（　　）。

　　A．越大　　　　B．越小　　　C．不变　　　　D．不一定

15．齿轮齿条式动力转向系中动力缸与转向控制阀间有（　　）条油管相连。

　　A．1　　　　　　B．2　　　　　　C．3　　　　　　D．4

16．使用循环球式转向器的整体式动力转动系的油管数量为（　　）。

　　A．1 条　　　　B．2 条　　　C．3 条　　　　D．4 条

17．汽车转向时，外侧转向轮的偏转角度（　　）内侧转向轮的偏转角度。

　　A．大于　　　　B．小于　　　C．等于　　　　D．大于或等于

18．转向轴出现松动，可能由下列哪项原因引起？（　　）

　　A．转向轴万向节松动　　　　B．球头节磨损

　　C．横拉杆端头松动　　　　　D．随动转向臂松动

19．《机动车运行安全技术条件》GB 7258—2004 中规定：最高设计车速不小于 100km/h 的机动车，转向盘的最大自由转动量不得超过（　　）。

　　A．15°　　　　B．20°　　　C．25°　　　　D．30°

20．轿车上最普遍采用的转向器是（　　）。

　　A．循环球式　　　　　　　　B．齿轮齿条式

　　C．蜗杆滚轮式　　　　　　　D．蜗杆曲柄指销式

21．以下对于转向横拉杆的描述正确的是（　　）。

　　A．两端都有螺纹且旋向相反　　B．两端的连接都采用球头销

　　C．一辆车需要两根横拉杆　　　D．一类一端有螺纹，另一类两端有螺纹

22．轮毂轴承过度磨损或松旷不会造成（　　）。

　　A．转向盘颤动　　　　　　　　B．转向不灵敏

　　C．转向沉重　　　　　　　　　D．汽车行驶跑偏

四、简答题

1．简述机械式转向器的类型及各自的优缺点，并写出其适用车型。

2．简述机械式转向系统转向沉重故障的主要原因。

五、分析题

分析哪些原因会造成桑塔纳轿车转向不灵敏，如何进行诊断与排除？

项目五

普通液压助力转向系统检修

【项目描述】

一辆桑塔纳 2000 型轿车转向时变沉重，且转向助力不平稳，通过对此故障的诊断与排除引出本项目。本项目的主要任务有桑塔纳 2000 轿车助力转向系统进行油质、油位检查，系统排气、密封性检查，检查、调整及更换油泵皮带，转向油泵出油压力检查等。

【知识目标】

（1）掌握普通液压助力转向系统的功用、组成与类型。
（2）掌握普通液压助力转向系统的结构与工作原理。

【技能目标】

（1）能正确检查转向助力油的油质、油量。
（2）能正确进行液压助力转向系统排气。
（3）能正确检查液压助力转向系统密封性。
（4）能正确进行转向油泵皮带张紧度的检查与调整，会更换油泵皮带。
（5）能正确检查油泵出油系统压力。

↗ 任务一　检查转向助力油油质、油位

【任务描述】

本任务检查桑塔纳 2000 轿车转向助力油的油质与油位，若油已变质则需更换，若油位过低则需要添加。

【任务分析】

转向助力油一般情况下不易变质，不需要定期更换，但需定期检查其油质，一旦发现变质需及时更换并查找变质原因，排除相应故障。助力油的油量应符合规定，过高、过低都会影响到转向系统的性能。

本任务需要以下设备、工具：桑塔纳 2000GP II 轿车整车、桑塔纳专用转向助力油 LG 2000KA、干净的抹布。

【任务实施】

一、检查油位

检查油位时，发动机不运转，前轮处于直线行驶位置，检查步骤如下。

（1）从蓄电池固定架上拆下回油管管夹，如图 5-1 箭头所示。

（2）检查油位。

① 油处于常温时，油位应位于 MIN 标志附近（在标志上下 2mm），如图 5-2 所示。

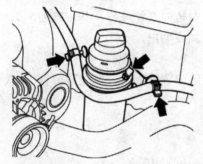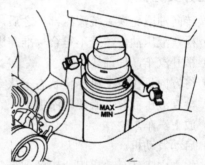

图 5-1　回油管管夹　　　　　　图 5-2　储油罐油位标志

② 油处于工作温度（50℃ 以上）时，油位应位于 MIN 和 MAX 标志之间。若油位高于标准值，必须将多余的油抽出。若油位低于标准值，在补充油液之前，必须先检查系统是否渗漏。

二、检查油质

（1）旋下储油罐盖。

（2）将干净的螺丝刀伸入储油罐醮起转向助力油。

（3）观察油液的颜色，应为淡黄色半透明状，若颜色变深甚至发黑则油液已变质；闻油液气味，若有焦糊味则已经变质；将少量油液醮到干净的面纸上，看是否有杂质析出，若有则油液已变质。

（4）若油液变质，需更换油液，同时还需更换储油罐内的滤芯。此外，需查找导致油液变质的原因，加以排除。

↗ 任务二　转向系统排气

【任务描述】

本任务将桑塔纳 2000 助力转向系统油路中混入的空气排出。

【任务分析】

助力转向系统油路中存在空气会导致转向沉重、转向助力不平稳等故障。在系统存在泄漏、更换系统元件、更换转向液压油等情况下会导致空气进入助力转向系统油路，此时应进行转向系统排气作业。

本任务需要以下设备、工具：桑塔纳 2000GPⅡ 轿车整车、桑塔纳专用转向助力油 LG 2000KA。

【任务实施】

更换转向油或更换系统液压部件之后，需要对转向系统排气，其步骤如下。

（1）检查液压油位，若不符合标准需进行添加或抽出。

（2）举升汽车，使前轮离地。

（3）将方向盘在发动机停止状态下从一侧极限位置转到另一侧极限位置 10 次。

（4）检查液压油位，必要时添加。

（5）放下汽车。

（6）启动发动机。

（7）将方向盘从一侧极限位置转到另一侧极限位置 10 次。

（8）检查液压油位，必要时添加。

经过此操作，系统中空气基本排完，若还有残余空气则在汽车行驶 10km～20km 后会自动排出。

↗ 任务三　检查转向系统密封性

【任务描述】

本任务检查桑塔纳 2000 轿车助力转向系统管路及主要液压部件是否漏油。

【任务分析】

在维修之后，或者液压油位降低时，必须检查转向系统的密封性。

本任务需要以下设备、工具：桑塔纳 2000GPⅡ 轿车整车、桑塔纳专用转向助力油 LG 2000KA、常用工具。

【任务实施】

转向系统密封性检查步骤如下。

（1）启动发动机。

（2）将方向盘转到左、右极限位置，并用力保持一段时间。

（3）检查液压油位，必要时添加。

（4）检查所有油管接头是否有油液渗出。若油管接头渗油，应先拧紧接头并擦拭干净，并重做步骤（1）～（3），再检查接头处是否再次渗油。若再次渗油，需更换油管接头。

（5）检查转向小齿轮轴处是否有油液渗出，若漏油必须更换阀体中的密封环和中间盖板上的圆形绳环。

（6）打开波纹管夹箍，推回波纹管，检查转向齿条处是否有油液泄漏，若有泄漏则波纹管里会有转向助力油。若转向齿条处漏油，需拆卸齿条并更换齿条密封圈，或者整体更换动力转向器总成。

（7）检查储油罐、转向油泵、动力转向器、转向控制阀外部是否有油迹。若有油迹查看相关部件是否有裂纹或密封损坏，根据情况更换密封件或更换整个液压部件。

任务四　检查与调整油泵皮带张紧度、更换皮带

【任务描述】

本任务检查油泵皮带的张紧度，若过松则进行调整，若皮带老化或损坏则进行更换。

【任务分析】

油泵产生助力转向系统需要的压力油，若其驱动皮带松弛将导致油泵泵油压力下降，使转向助力不足；若油泵皮带老化或损坏，需立即更换，以避免行车过程中突然断裂，产生安全隐患。

本任务需要以下设备、工具：桑塔纳2000GP II轿车整车、皮带紧度测量仪、常用工具。

【任务实施】

一、检查油泵皮带张紧度

1. 经验测量法

关闭发动机，用手以约100N的力从皮带的中间位置按下，皮带应有约10mm挠度为合适，否则必须调整。汽车每行驶15000km时，应检查皮带的张紧力。

2. 用皮带紧度测量仪测量

将皮带紧度测量仪安装在油泵皮带上，如图5-3所示，测量皮带产生标准变形量时所需力的大小。各种尺寸的皮带的紧度要求如表5-1所列。

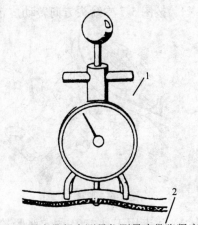

图5-3　用皮带紧度测量仪测量皮带张紧度

1—皮带紧度测量仪；2—皮带。

表5-1　各种尺寸的皮带的紧度要求

皮带类型	皮带宽度/mm		
	8.0	9.5	12.0
新皮带	最大350N	最大620N	最大750N
旧皮带	最大200N	最大300N	最大400N
带齿皮带	最大250N		

二、调整油泵皮带张紧度

皮带张紧度的调整步骤如下。

（1）松开转向油泵支架上的后固定螺栓，如图5-4所示。

（2）松开特别螺栓的螺母，如图5-5所示。

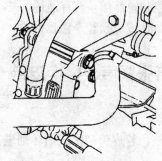

图5-4　松开后固定螺栓

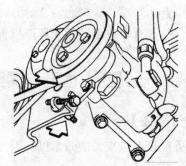

图5-5　松开特别螺栓的螺母

（3）通过张紧螺栓将皮带绷紧，如图5-6所示。当用手以约100N的力从皮带的中间位置按下时，皮带约有10mm挠度为合适。

（4）拧紧特别螺栓的螺母。拧紧转向油泵支架上的固定螺栓。

三、更换油泵皮带

1. 拆卸油泵皮带

（1）按图5-7中箭头方向转动皮带张紧轮，释放油泵、发电机、风扇对皮带的张紧力。

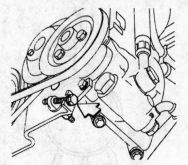

图5-6　张紧V型带

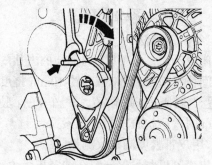

图5-7　释放皮带的张紧力

（2）用专用工具3204固定张紧轮。

（3）按图5-7中箭头方向转动张紧轮，以松开皮带上的张紧力。

（4）拆下水泵皮带，拆下油泵的皮带盘，如图 5-8 所示。

（5）用软管夹紧器 3094 夹住进油管和回油管，如图 5-9 所示。

（6）将集油盘放在油泵进油管下方。

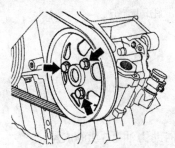 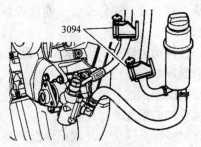

图 5-8　拆卸油泵皮带盘　　　　　　　图 5-9　夹住油管

（7）松开油泵上进油管夹箍，如图 5-10 所示。

（8）拔出进油管。

（9）拆下出油管的空心螺栓 22mmAF。

（10）拆下油泵的固定螺栓，如图 5-11 所示，取出油泵。

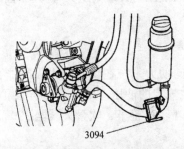 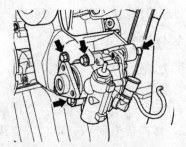

图 5-10　松开油泵进油管夹箍　　　　　图 5-11　拆下油泵的固定螺栓

2．安装新油泵皮带

（1）通过进油管，将转向助力油充满油泵。

（2）用手旋转油泵轴，直到油从叶片泵油管接头处冒出。

（3）拧紧油泵固定螺栓，力矩 20N·m，如图 5-12 所示。

（4）将新密封垫放到空心螺栓上。

（5）拧紧出油管的空心螺栓，力矩 50 N·m，如图 5-13 所示。

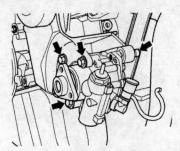 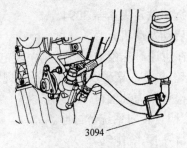

图 5-12　拧紧油泵固定螺栓　　　　　　图 5-13　拧紧出油管的空心螺栓

（6）安装进油管。

（7）拧紧水泵/叶片泵的皮带上的内角螺栓。

（8）将风扇装到硅油离合器上，力矩 10 N·m。

（9）装上新皮带，注意皮带上的楔带要嵌入皮带轮的槽中。

3．检查

（1）将转向助力油 LG 2000KA 加到规定高度。

（2）启动发动机，检查皮带运行情况。

（3）检查助力油油位。

（4）检查转向系统密封性。

（5）进行转向系统排气，根据情况适当添加转向助力油 LG 2000KA。

↗ 任务五　检查油泵出油压力

【任务描述】

本任务检查桑塔纳 2000 轿车转向助力油泵的出油压力（最高压力），判断油泵是否存在故障或过度磨损。

【任务分析】

转向助力油泵能够产生的最高油压反映了转向助力系统在转向阻力大时能否提供足够助力，若油泵过度磨损或有其他损伤，无法产生规定的油压，则需要更换油泵。

本任务需要以下设备、工具：桑塔纳 2000GP II 轿车整车、软管夹紧器 3904、油压表 V.A.G1402、转换接头 V.A.G1402/3、常用工具。

【任务实施】

油泵出油压力检查步骤如下。

（1）用软管夹紧器 3904 夹住进油管和出油管。

（2）拆掉叶片泵上的压力软管的空心螺栓。

（3）将转换接头 V.A.G1402/3 代替空心螺栓拧在叶片泵上。

（4）将油压表 V.A.G1402 连接到转换接头 V.A.G1402/3 上。

（5）关闭压力表上的截止阀。

（6）拆掉软管夹紧器 3094。

（7）启动发动机。

（8）在怠速时观察油压表数据，规定值为 10MPa。注意，此时油泵超负荷运转，测量时间不得超过 10s。若油泵压力达不到规定值，则需更换油泵。

（9）检查助力油油位。

（10）检查转向系统密封性。

（11）转向系统排气。

【相关知识】

一、助力转向系统的功用与类型

1．功用

普通机械式转向系统为使转向轻便，需设置较大的转向系统传动比，但较大的传动比会影响转向操纵的灵敏性，液压助力转向系统可以解决这一矛盾。

动力转向系统以发动机动力为能源辅助驾驶员进行转向操作，从而使转向操纵轻便，同时转向系统传动比较小，故能保证转向操纵灵敏。

2．类型

助力转向系统是利用一定的动力助力方式，帮助执行转向操作的转向总成。助力转向系统按动力介质的不同可分为气压式、液压式和电动式 3 类。

液压式助力转向系统又可分为普通液压助力转向系统、电控液压助力转向系统和电控电动液压助力转向系统，本项目只研究普通液压助力转向系统的结构、原理及维修。

普通液压助力转向系统不设置传感器及控制电脑，主要靠转向控制阀进行转向助力的控制。按液流形式，普通液压助力转向系统可分为常流式及常压式；按布置形式，可分为整体式、分置式和组合式；按转向控制阀的类型，可分为转阀式及滑阀式。

当前，多数轿车采用整体式液压常流滑阀式助力转向系统。随着技术进步，越来越多的轿车采用电控助力转向系统。

二、普通液压助力转向系统组成与基本原理

1．普通液压助力转向系统组成

普通液压助力转向系统由机械转向机构及液压系统两大部分组成。机械转向机构同机构式转向系统类似，包括转向操纵机构、转向传动机构及转向器。液压系统用于产生及控制液压助力，主要包括转向油泵、转向油罐、转向控制阀及转向动力缸，此外还有连接这些液压元件的高、低压油管。图 5-14 所示为桑塔纳 2000 液压助力转向系统的布置，除液压元件外，其机械转向机构同普桑轿车的纯机械转向系统基本相同。

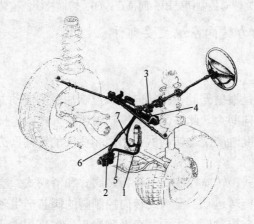

图 5-14　桑塔纳 2000 液压助力转向系统

1—储油罐；2—转向力泵；3—转向控制阀；4—转向动力缸；5—吸油管；
6—高压油管；7—回油管。

2．普通液压助力转向系统基本原理

在液压助力式转向系统中，转向助力是由作用在转向动力缸活塞上的高压油产生的。将转向助力表示为 F，则其大小为 $F=P \cdot A$，其中 P 为动力缸油压，A 为动力缸活塞面积。当动力缸左、右两腔都有压力时，P 为两腔的压力差。

何时产生助力、助力朝向哪个方向是由转向控制阀进行控制的。如图 5-15（a）所示，当转向控制阀处于中间位置时，油泵将液压油输送到转向控制阀，转向控制阀使油液同时通向动力缸左、右腔及油泵回油口。此时动力缸左、右腔油压相等，且都等于回油压力，此时不会产生助力，此工况对应于汽车直线行驶状态。

当驾驶员控制方向盘旋转时，转向控制阀也随之移动，从而关闭通向动力缸一腔的油路，如图 5-15（b）所示。此时，动力缸右腔得到高压油，动力抽左腔通向油泵回油口，油压很低，动力缸两腔产生较大压差，产生将动力缸活塞向左推的力，即转向助力。

动力缸哪一腔得到高压油，是由转向控制阀的偏转方向决定的，而转向控制阀的偏转方向又是由方向盘的旋转方向决定的，转向助力系统的设计保证产生助力的方向始终与驾驶员转向方向一致。

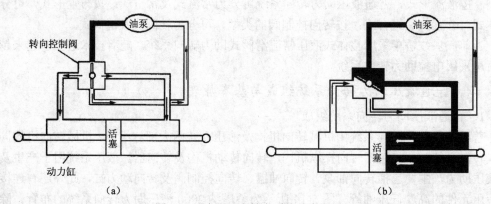

图 5-15　液压助力转向系统基本原理

（a）转向控制阀处于中间位置；（b）转向控制阀偏转。

三、普通液压助力转向系统主要部件

1．转向控制阀

1）功用

转向控制阀的功用是根据驾驶员的转向动作控制油液的流动方向，从而不产生转向助力或产生正确方向的转向助力。此外，转向控制阀还具有转向维持功能，即当驾驶员转动方向盘并保持在某一角度时产生与转向回正力矩相适应的转向助力。

2）类型

按照阀芯的运动方式，转向控制阀可分为转阀式和滑阀式。当转动方向盘时，转阀式转向控制阀的阀芯产生旋转运动，滑阀式转向控制阀的阀芯产生轴向滑动。多数轿车及小型越野车采用转阀式转向控制阀，大型货车及越野车一般采用滑阀式转向控制阀。

3）转阀式转向控制阀的结构与原理

（1）转阀式转向控制阀的结构。桑塔纳 2000 轿车采用整体式液压助力转向系统，即其机械转向器、转向控制阀和转向动力缸是组合在一起的，称为动力转向器，如图 5-16 所示。其分解图如图 5-17 所示。

图 5-16　桑塔纳 2000 动力转向器

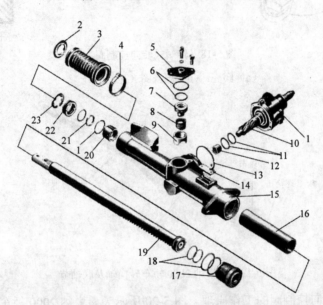

图 5-17　桑塔纳 2000 动力转向器分解图

1—转向控制阀；2—防尘罩挡圈；3—波纹防尘罩；4—夹箍；5—盖板；6—O 形密封圈；7—密封压座；8—弹簧；9—压块；10—小齿轮；11—O 形密封圈；12—滚针轴承；13—O 形密封圈；14—铭牌；15—转向器壳；16—缸筒；17—密封挡盖；18—O 形密封圈；19—齿条/活塞；20—支承衬套；21—O 形密封圈；22—环；23—齿条密封；24—挡圈。

转阀式转向控制阀主要由阀套、阀芯、扭杆、阀壳及销组成，如图 5-18 所示。

转向控制阀在转向系统中的安装位置处于转向操纵机构和齿轮齿条式转向器之间。对于桑塔纳 2000 轿车，其转向轴下端有一个带内花键的联轴节，如图 5-19 所示，套于带外花键的阀芯的上端，联轴节为有链结构，用螺栓拧紧便可紧紧地夹住阀芯。转向控制阀与齿轮齿条转向器的连接，是通过一根销子同时穿过扭杆下端及转向器小齿轮实现的。

当驾驶员转动方向盘时，扭矩按如下路线进行传递：

转向盘→转向轴→阀芯→销（上部）→扭杆→销（下部）→阀套

└→小齿轮→……

扭杆是由弹簧钢制成的，直径较小，具有很好的弹性，转向时扭杆在传递转向力矩时将产生与方向盘旋转方向相同的扭转变形。

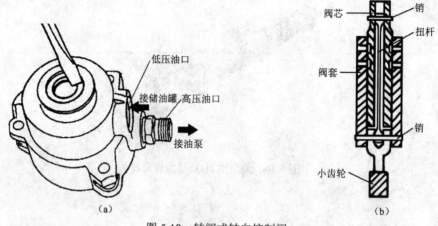

图 5-18　转阀式转向控制阀

（a）阀壳；（b）剖视图（无阀壳）。

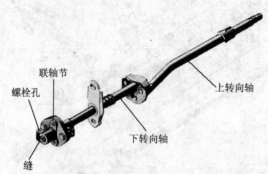

图 5-19　桑塔纳 2000 轿车转向轴及联轴节

（2）转阀式转向控制阀的工作原理。图 5-20 所示为桑塔纳 2000 轿车助力转向系统示意图，图中给出了主要部件之间的连接。

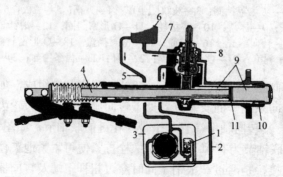

图 5-20　桑塔纳 2000 齿轮齿条式动力转向系统示意图

1—压力和流量限制阀；2—高压油管；3—转向油泵（叶轮泵）；4—齿条；5—吸油管；6—储油罐；7—回油管；8—转向控制阀；9—压力室；10—转向动力缸；11—动力缸活塞。

图 5-21 所示为普通液压助力转向系统的运行图，该图反映了驾驶员、转向系统、转向轮的关系，尤其是清晰地给出了转向系统内部部件之间的关系。

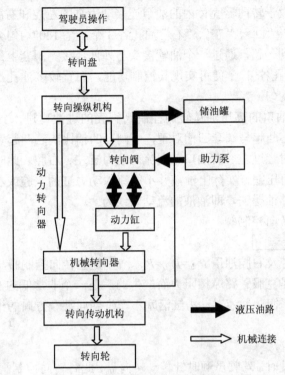

图 5-21　普通液压助力转向系统运行图

2. 工况转向系统

汽车行驶方向的控制主要可以分为直线行驶工况、转向行驶工况（左转、右转）及转向维持工况，各工况转向系统的工作原理如下。

1）汽车直线行驶工况

当汽车直线行驶时，驾驶员未转动转向盘，此时转向控制阀处于如图 5-22 所示的中间位置。

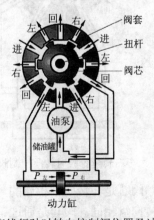

图 5-22　汽车直线行驶时转向控制阀位置及油流状况

转向控制阀阀壳有4个油管接头与外部连接，图5-22中标"进"的油管接头通过一根高压油管连接油泵，标"回"的油管接头通过一根低压油管连接储油罐，标"左"和"右"的油管接头分别通过设于转向器壳体内的油道连接动力缸的左腔和右腔。阀套沿圆周共分布了12个油孔，"进"、"回"、"左"、"右"油孔各3个，呈120°均匀分布，最终在阀壳处同样的3个油孔汇集到一起，通过一个油管接头与外部连接。阀套上最少只需设置"进"、"回"、"左"、"右"油孔各1个便可实现其控制功能，布置较多油孔是为了增加流量及使阀芯、阀套径向受压均匀。

来自转向油泵出油口的高压油从转向控制阀阀壳的进油口进入到阀套和阀芯之间的空腔。此时，由于阀芯凸起与阀套凹槽对正，而阀套凹槽比阀芯凸起宽，因而油泵进入转向控制阀的油液可同时经过左、右油口分别流向动力缸左、右腔。此时，动力缸左右腔油压相等，由于油液不可压缩，实际上油液并不能流入动力缸的左腔或右腔。此时，油液是经过回油口直接流回储油罐的，即油液的流动路线为

储油罐→油泵→转向控制阀

此时，动力缸左腔及右腔油压 $P_左 = P_右 = P_回$，$P_回$ 是由转向控制阀与储油罐之间管路内的油压，此压力主要是克服管路摩擦阻力而产生的，是一个非常低的油压，近似于0。动力缸左、右两腔压力平衡，油液对动力缸活塞不产生朝向某一方向的推力，因而不产生助力作用。

2）汽车右转弯工况

当汽车右转弯行驶时，驾驶员顺时针转动转向盘，此时转向控制阀处于如图5-23所示位置，阀芯相对于阀套在顺时针方向多转了一个角度，使得"左"油口与"进"油口相通，"右"油口与"回"油口相通。

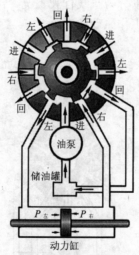

图5-23　汽车右转弯行驶时转向控制阀位置及油流状况

根据转向控制阀的结构，阀芯是与转向轴相连的，当忽略转向操纵机构的间隙及弹性变形时，阀芯旋转的角度与转向盘相同。阀套是通过销与扭杆下端相连的，其旋转角度与

扭杆下端相同。前面介绍转向控制阀结构时已经分析过，转向时扭杆受到扭转变形，其上端相对于下端会沿转向盘旋转方向多转一个角度，这样一来，造成了转向时阀芯与阀套的相对角度变化。

> **注意**：无论扭杆受到多大的扭矩，其最大扭转角度是受限的。通常在阀芯上设置两个凸块，伸入到阀套中两个比凸块略宽的凹槽中。当转向盘上扭矩足够大时，扭杆扭转角度不断增大，直到阀芯凸块接触到阀套凹槽，扭杆即不能继续扭转。图 5-23 所示阀芯即处于扭杆最大扭转角度位置。

根据图 5-23，汽车右转弯时油液的流动路线如下。
（1）储油罐→油泵→转向控制阀→动力缸左腔。
（2）动力缸右腔→转向控制阀→储油罐。

> **注意**：有些资料表述当汽车右转弯时动力缸右腔进高压油，左腔回油，刚好与本书相反，实际上这只是一个认知习惯问题，既可以站在车头认定动力缸的左、右腔，也可以坐于车内驾驶座位认定动力缸的左、右腔。动力缸左、右腔如何认定并不影响对工作原理的理解。

由于动力缸活塞的分隔，左腔油压 $P_左 = P_泵$，这是一个高油压，具体数值受转向阻力影响；右腔油压 $P_右 = P_回$，接近于 0。动力缸活塞杆与齿条是连为一体的，此时，其上的受力可用下式表达：

$$(P_左 - P_右)A + F_驾 = F_阻 + F_回$$

式中，A 为动力缸活塞受压面积，可将 $(P_左 - P_右)A$ 表达为 $F_助$，即系统产生的转向助力；$F_驾$ 为驾驶员转向力；$F_阻$ 为转向阻力；$F_回$ 为转向系回正力。为简便起见，式中采用 $F_助$、$F_阻$ 及 $F_回$ 分别表达了转向系统相应力矩对于活塞杆/齿条形成的作用力。因转向控制阀控制油液流向，使 $F_助$ 与 $F_驾$ 方向保持一致，且通常情况下，$F_助$ 大于 $F_驾$，从而使驾驶员操作轻便。

由公式分析可知，当 $F_阻$ 与 $F_回$ 之和较小时，动力缸左腔油压 $P_左$ 不需多高即可满足转向助力需求；而当 $F_阻$ 与 $F_回$ 之和较大时，$P_左$ 应相应升高，但 $P_左$ 的值受限于油泵最高泵油压力，对于桑塔纳 2000 轿车，转向油泵设定的最高压力为 100bar（约 10MPa）。当采用发动机驱动的方式时，油泵能产生多高的压力受发动机转向影响，二者近似于正比关系，发动机转速越高，能产生的油泵油压也越高。影响转向阻力的因素较多，车速越低 $F_阻$ 越大，此外，胎压不足、路面不平、转向系统润滑不良、转向系杆件变形等都会增加 $F_阻$。就车速而言，低速行驶时，发动机转速往往也较低，油泵油压相应较低，所能产生的 $F_助$ 也就较小，而此时却需要较大的助力，因而造成转向较沉重；反之，高速行驶时，发动机转速往往也较高，油泵油压也高，产生了超过需要的转向助力，使转向有发飘倾向。由此分析，采用发动机驱动油泵方式的普通液压助力转身系统本身存在着无法调和的矛盾，为保证行驶安全，高速行驶时转向不能发飘，只能采用较小流量的油泵，牺牲了低速时的转向助力能力。

汽车左转弯时，转向系统助力原理与右转弯时是类似的，故此不再分析。

3）转向维持工况

转向过程中，当转向盘停在某一角度不再继续旋转时，进入转向维持工况。图 5-24 所示是汽车右转弯转向维持时转向控制阀的位置。

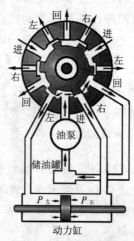

图 5-24　汽车右转弯转向维持时控制阀位置及油流状况

刚进入转向维持工况时，由于转向轮不再旋转，转向阻力消失，回正力矩依然存在，活塞杆/齿条受力公式 $F_助+F_驾=F_阻+F_回$ 的右边少掉了 $F_阻$。此时，活塞杆/齿条的受力平衡破坏了，在 $F_助+F_驾$ 的作用下，活塞杆/齿条被推动继续右移，右移的活塞杆/齿条又带动主动小齿轮顺时针旋转。此时，由于方向盘维持不动，阀芯位置不变，顺时针旋转的小齿轮带动阀套同步旋转，则阀套与阀芯的角度差减小，即进入图 5-24 所示位置，阀芯处于中间偏顺时针位置（偏转角度小）。

此时，油液的流动路线如下。

（1）储油罐→油泵→转向控制阀→动力缸左腔。"进"油口与"左"油口流通面积较大，油液流动容易；"左"油口与"回"油口也相通，但流通面积小，油液流入"回"油口困难，即节流阻力大，故 $P_左$ 较高。

（2）储油罐→油泵→转向控制阀→动力缸右腔。"进"油口与"右"油口流通面积较小，油液流动到"右"油口困难；同时，"右"油口又与"回"油口以较大面积相通，油液克服较小节流阻力便可流入"回"油口，故 $P_右$ 较低。注意，由于 $P_左$ 高于 $P_右$，活塞将右移，油液是不能流入右腔的，相反，右腔还有油液流回到转向控制阀。

（3）储油罐→油泵→转向控制阀→储油罐。"左"、"右"油口都有缝隙与"回"油口相通，所有油液都通过"回"油口流回到储油罐。

此时，$P_左$ 比转向时下降了，而 $P_右$ 比转向时则上升了，导致左、右腔压差 $P_左-P_右$ 下降，转向助力减小。

转向维持时，只要 $F_助+F_驾$ 还大于 $F_回$，活塞杆/齿条就会继续移动，并通过小齿轮带动阀套顺时针转动，持续地减小与阀芯的转角差，从而持续地使左、右腔压差 $P_左-P_右$ 下降，即减小 $F_助$。此过程连续进行，直到 $F_助$ 减小到使 $F_助+F_驾=F_回$ 成立，转向维持进入平稳状态，齿条、阀套等都停止运动，即由于转向控制阀的工作，转向维持过程会自动产生一个与转向回正力矩相适应的较小的转向助力。

转向维持状态稳定之后，油液不再流入动力缸左腔，而是在进入转向控制阀后全部直接流回储油罐。

4）转向随动

在转向过程中，若方向盘转动的速度快，阀套与阀芯的相对角位移量也大，动力缸左、右腔的油压差也增大，转向轮偏转的速度也加快；若转向盘转动的速度慢，转向轮偏转也慢；若转向盘不动，即转向维持，则转向轮也保持在某一角度不动，此即称为"转向随动"。

5）放松转向盘

若转向过程中驾驶员放松转向盘，阀芯会回到正中位置，转向助力消失，转向轮在回正力矩的作用下自动回位。

6）转向轮意外偏转

汽车直线行驶时遇外力使转向轮意外偏转时，外力通过转向轮、转向传动机构及机械转向器反向传递给阀套，使阀套相对于阀芯旋转，动力缸两腔产生压差，形成与外力相反的液压力，使转向轮迅速回位，提高了汽车直线行驶的稳定性。

7）失效保护

若转向系统液压装置失效，则整个转向系统变为机械转向系统，此时转动转向盘，带动阀芯旋转，阀芯下端边缘的弧缺口转过一定角度之后带动小齿轮旋转，车辆仍能保持转向能力。不过此时转向会比纯机械转向系统更加沉重，一则是因为转向时动力缸活塞成为阻力，二则因为助力转向系统转向器传动比设计得比纯机械转向系统明显地小。

3．转向油泵

转向油泵是动力转向装置的动力源。

1）功用

将发动机的机械能变为驱动转向动力缸工作的液压能，再由转向动力缸输出受控制的转向力，驱动转向车轮转向。

2）类型

转向油泵有齿轮式转向油泵（图 5-25）、叶片式转向油泵（图 5-26）和转子式转向油泵（图 5-27）3 种类型。

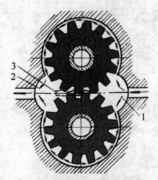

图 5-25　齿轮式转向油泵

1—进油口；2—出油口；3—卸荷槽。

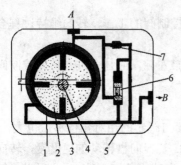

图 5-26　叶片式转向油泵

1—定子；2—转子；3—叶片；4—转子轴；
5—节流孔；6—溢流阀；7—安全阀；
A—进油孔；B—出油孔。

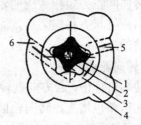

图 5-27　转子式转向油泵

1—主动轴；2—内转子；3—外转子；
4—油泵壳体；5—进油口；6—出油口。

3）双作用叶片式转向油泵的结构

目前动力转向系统最常用的是双作用叶片式转向油泵，其结构如图 5-28 所示。驱动轴 14 上压有一个皮带轮并由曲轴上皮带轮通过皮带驱动转向油泵。

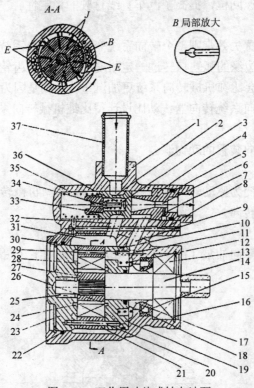

图 5-28　双作用叶片式转向油泵

1—壳体；2—溢流阀；3—安全阀弹簧；4—出油管接头；5、10、18、22—O 型密封圈；6—节流孔；7—感压小孔；8—横向油道；9—出油道；11、20—定位销；12—配油盘压紧弹簧；13—轴承；14—驱动轴；15—骨架油封；16—卡圈；17—隔套；19—右配油盘；21—定子；23—左配油盘；24、26—环形油槽；25—滚针轴承；27—转子；28—叶片；29—定子轴向通孔；30—挡圈；31—进油腔；32—进油槽；33—螺塞；34—钢球；35—溢流阀弹簧；36—安全阀弹簧；37—进油道；J—吸油凹槽；E—压油凹槽。

油泵主要由转子 27、定子 21、配油盘（19、23）、壳体 1、驱动轴 14 及组和阀（溢流阀 2 和安全阀 3）组成。转子 27 上均匀地开有 10 个径向叶片槽，槽内装有可径向滑动的矩形叶片 28，叶片顶端可紧贴在定子 21 的内表面上。在转子和定子的两个侧面上各有一配油盘（19、23），由于转子的宽度稍小于定子的宽度，使两配油盘紧压在定子上。两配油盘和定子一起装在壳体内，不能移动或转动。两配油盘与定子相对的端面上各开有对称布置的腰型槽，分别与进油口和出油口相连。定子内表面曲线近似于椭圆形，使得由转子、定子叶片和左右配油盘之间形成若干个密封的工作室。工作室容积大小随转子旋转实现"由小变大，由大变小，再由小变大，由大变小"一直循环。

4）双作用叶片式转向油泵的工作原理

双作用叶片式转向油泵的工作原理如图 5-29 所示。当发动机带动油泵逆时针旋转时，叶片在离心力的作用下紧贴在定子的内表面上，工作容积开始由小变大，从吸油口吸进油液，而后工作容积由大变小。压缩油液，经压油口向外供油，再转 180°，又完成一次吸压油过程。

4．转向动力缸

转向动力缸的作用是将油液的压力转化为机械力，形成转向助力。对于齿轮齿条式助力转向系统，动力缸与齿条在同一轴线上，动力缸活塞与齿条加工为一体。

5．储油罐

储油罐的作用是储存、滤清、冷却动力转向系统工作油液，上面有不同方式表示的液面高度要求。如果液面高度太低，将使动力转向系统渗入空气，造成汽车转向操作不稳，忽轻忽重或有噪声。图 5-30 所示为桑塔纳轿车转向储油罐，外壳上有油量标线，罐内有一个滤清器，此滤清器若被污物阻塞，将使油泵吸油困难，甚至将空气吸入转向油路，造成故障。

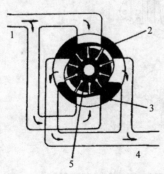

图 5-29　双作用叶片泵工作原理

1—进油口；2—叶片；3—定子；4—排油口；5—转子。

图 5-30　桑塔纳轿车转向储油罐

6. 动力转向油管

动力转向油管的功用是将动力（压力油液）从转向油泵传递给动力缸，并将油液最终导回转向油罐。油管的制作材料和构造还使它具有辅助储油和消除噪声、吸振等功用。油管一般用强化合成橡胶制成，并在接头处连有金属管。高压油管的耐压力应达到15MPa。为此，必须束紧金属管与橡胶管的所有连接部位。由于油泵输出压力有脉动，高压油管中的油压就容易波动。油管的强化结构容许它有少许膨胀以吸收压力变化。

高压油管中有些部位具有两种不同的管径，如图5-31所示，内径较大段（或压力较高段）靠近油泵出口，其作用为储油和储能减振。小内径油管或回油油管可减小转向器的反冲效应，通过限制回油流量，它还可使油泵背压保持恒定，降低油泵噪声。如果油管的直径都一样，便由转向器内部来实现吸振和消除噪声功能。

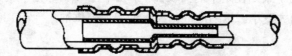

图5-31　具有不同内径的动力转向油管

由于油液的工作温度和发动机的温度都较高，油管必须要能耐受住达480℃的高温。且由于天气情况的变化多样，油管还必须能耐受住零下温度。油管的制造材料经特殊配方，从而提高油管在各种温度条件下及油液侵蚀下的抗破裂和抗损蚀能力。

【知识链接】

一、液压长流滑阀式动力转向系统

1. 液压长流滑阀式动力转向系统的组成

液压长流滑阀式动力转向装置主要用于大型货车和客车，如图5-32所示，该转向装置主要由转向储油罐、转向油泵、整体式动力转向器、转向摇臂组成。

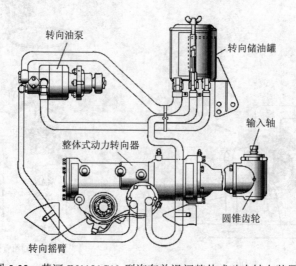

图5-32　黄河JN1181C13型汽车单滑阀整体式动力转向装置

2. 液压长流滑阀式动力转向装置的工作原理

液压长流滑阀式动力转向装置工作原理如图 5-33 所示。

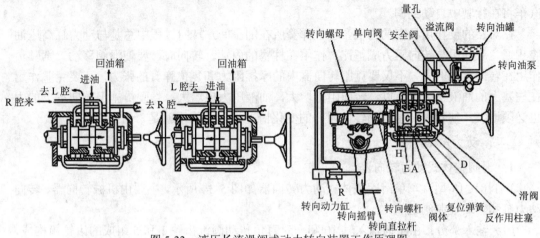

图 5-33　液压长流滑阀式动力转向装置工作原理图

汽车直线行驶时，如图 5-33 所示，滑阀在复位弹簧的作用下保持在中间位置。转向控制阀内各环槽相通，自油泵输送出来的油液进入阀体环槽 A 之后，经环槽 B 和 C 分别流入动力缸的 R 腔和 L 腔，同时又经环槽 D 和 E 进入回油管道流回油罐。这时，滑阀与阀体各环槽槽肩之间的间隙大小相等，油路畅通，动力缸因左右腔油压相等而不起加力作用。

不转向时，转向控制阀保持开启。转向动力缸活塞两边的工作腔都与低压回油管路相通而不起作用，油泵负荷很小，整个系统处于低压状态。

汽车右转向时，驾驶员通过转向盘使转向螺杆向右转动（顺时针）。开始时，转向螺母暂时不动，具有左旋螺纹的螺杆在螺母的推动下向右轴向移动，带动滑阀压缩弹簧向右移动，消除左端间隙 H。此时环槽 C 与 E 之间、A 与 B 之间的油路通道被滑阀和阀体相应的槽肩封闭。而环槽 A 与 C 之间的油路通道增大，油泵送来的油液自 A 经 C 流入动力缸的 L 腔，成为高压油区。R 腔油液经环槽 B、D 及回油管流回储油罐，动力缸的活塞右移，使转向摇臂逆时针转动，从而起加力作用。

"随动"作用的实现：很显然，只要转向盘和转向螺杆继续转动，加力作用就一直存在。当转向盘转过一定角度保持不动时，转向螺杆作用于转向螺母的力消失，但动力缸活塞仍继续右移，转向摇臂继续逆时针方向转动，其上端拨动转向螺母，带动转向螺杆及滑阀一起向左移动，直到滑阀恢复到中间稍偏右的位置。此时 L 腔的油压仍高于 R 腔的油压。此压力差在动力缸活塞上的作用力用来克服转向轮的回正力矩，使转向轮的偏转角维持不动，这就是转向的维持过程。如转向轮进一步偏转，则需继续转动转向盘，重复上述全部过程。

松开转向盘，如果不能自动回正，将增加驾驶员的劳动强度。所以，松开转向盘，转向轮及转向盘应能自动回到直线行驶位置。

其作用原理是松开转向盘，滑阀在回位弹簧和反作用柱塞上的油压的作用下回到中间位置，动力缸停止工作。转向轮在前轮定位产生的回正力矩的作用下自动回正，通过转向螺母带动转向螺杆反向转动，使转向盘回到直线行驶位置。如果滑阀不能回到中间位置，汽车将在行驶中自动跑偏。

在对装的反作用柱塞的内端，复位弹簧所在的空间，转向过程中总是与动力缸高压油腔相通。此油压与转向阻力成正比，作用在柱塞的内端。转向时，要使滑阀移动，驾驶员作用在转向盘上的力，不仅要克服转向器内的摩擦阻力和复位弹簧的张力，还要克服作用在柱塞上的油液压力。所以，转向阻力增大，油液压力也增大，驾驶员施于转向盘上的力也必须增大，使驾驶员感觉到转向阻力的变化情况。这种作用就是"路感"。

二、动力转向器

1. 滑阀整体式动力转向器

JN1181C13 型汽车单滑阀整体式动力转向器如图 5-34 所示，主要由机械转向器、转向动力缸和转向控制阀组成。

（1）输入部分：由转向输入轴 10 和一对直角传动圆锥齿轮 1 和 5 组成的齿轮箱构成，传动比为 1。

（2）机械转向器：为循环球-齿条齿扇式。由转向螺杆 26、转向螺母 37、动力缸活塞 27（齿条）和齿扇轴 30 组成。齿条与齿扇的啮合间隙用调整螺钉 44 调节。

（3）转向动力缸：由转向动力缸的缸体（转向器壳体 28）、动力缸活塞 27 组成。

（4）转向控制阀：位于转向螺母下方，二者轴线互相垂直，阀体 55 借紧定螺钉 36 限制其轴向和周向位置，滑阀 54 的轴向位置由转向螺母下部的板状凸缘控制，其中立位置由复位弹簧 56 保证，滑阀两端各有一个由反作用柱塞 53 密封的反作用孔腔，分别与动力缸前、后腔连通。

（5）助力作用的产生：刚通过转向盘转动螺杆时，由于转向螺杆的轴向位置已被推力轴承 42 限制，动力缸活塞也因受齿扇轴传来的路面阻力而暂时不能运动。螺母两端蝶形弹簧的预紧力又使得转向螺母不可能相对于活塞轴向移动。结果只能使转向螺母随转向螺杆转动一个不大的角度，将滑阀拨到相应的工作位置。于是动力缸的一腔通进油道 P，另一腔通回油道 O。在动力缸活塞上的液压作用力与转向螺母的轴向力共同作用下，带动扇齿轴 30 和转向摇臂 50 转动。

2. 转阀整体式循环球式动力转向器

北京切诺基汽车转阀整体式动力转向器结构如图 5-35 所示，主要由机械转向器、转向动力缸和旋转式转向控制阀三者组合而成。

三、转向油液的更换

1. 放油

（1）支起汽车前部，使两前轮离开地面。

（2）拧下转向储油罐盖，拆下转向油泵回油管，然后将转向油放入容器中。

（3）发动机怠速运转，在放转向油的同时，左右转动转向盘。

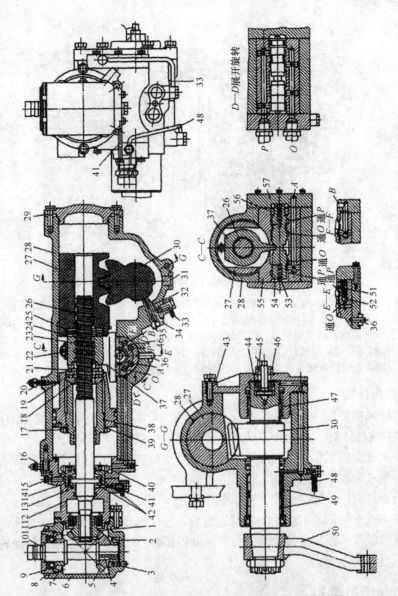

图 5-34 黄河 N1181C13 型汽车单滑阀整体式动力转向器

1—从动圆锥齿轮；2—圆锥滚子轴承；3—齿轮箱放油螺塞；4—平键；5—主动圆锥齿轮；6—齿轮箱壳体；7—圆锥滚子轴承；8—锁紧螺母；9—调整螺塞；10—输入轴；11—向心球轴承；12—转向器前盖；13—锥面垫圈；14—向心滚针轴承；15—调整座；16—动力缸前腔放气阀；17—锁紧螺母；18—球面垫圈；19—蝶形弹簧；20—动力缸后腔放气阀；21—径向推力球轴承；22—钢球导管；23—钢球；24—推力滚子轴承；25—蝶形弹簧；26—转向螺杆；27—转向动力缸活塞；28—转向器壳体（动力缸体）；29—转向器后盖；30—齿扇轴；31—放油螺塞；32—转向限制阀柱塞；33—通动力缸前腔的油管；34—转向限止阀弹簧；35—转向限止阀体；36—紧定螺钉；37—转向螺母；38—调整垫；39—锁片；40—锁紧螺母；41、48—润滑油管；42—推力滚子轴承；43—转向器后侧盖；44—调整螺钉；45—垫圈；46—固定螺母；47、49—向心滚针轴承；50—转向摇臂；51—单向阀弹簧；52—单向阀；53—反作用柱塞；54—滑阀；55—转向控制阀体；56—滑阀复位弹簧；57—转向器前侧盖；P—转向控制阀进油道；O—转向控制阀回油道；A—控制阀通动力缸前腔油道；B—控制阀通动力缸后腔油道。

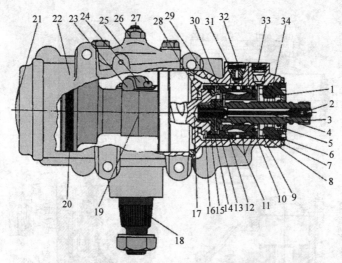

图 5-35　北京切诺基汽车转阀整体式动力转向器

1—卡环；2—锁销；3—短轴；4—扭杆；5—骨架油封；6—调整螺塞；7—锁母；8、10、11、15、20—O 形密封圈；9—推力滚针轴承；12—阀芯；13—阀体；14—下端轴盖；16—锁销；17—转向螺杆；18—转向摇臂轴；19—转向螺母（齿轮—齿条）；21—转向器端盖；22—壳体；23—循环球导管；24—导管压紧板；25—侧盖；26—锁紧螺母；27—调整螺钉；28—推力滚针轴承；29—定位销；30—锁销；31—止回阀；32—进油口；33—出油口；34—滚针轴承。

2．加油与排气

（1）向转向储油罐内加注符合规定的转向油。桑塔纳 2000 转向油型号为 PENPOSIN CHF 11S PL-VW521 46；奥迪轿车转向油型号为 G 002000。

（2）停止发动机工作，支起汽车前部，并用支架支撑，连续从左到右转动转向盘若干次，将转向系统中多余空气排出。

（3）检查转向储油罐中油面高度，视需要加至"MAX"标志处。

（4）降下汽车前部，启动发动机怠速运转，连续转动转向盘，注意油面高度的变化，当油面下降时就应不断加注转向油，直到油面停留在"MAX"处，并在转动转向盘后，储油罐中不再出现气泡为止。

【思考与练习题】

一、填空题

1．汽车转向系统的功用是_____和_____汽车的行驶方向。汽车转向系统按动力源的不同分为_____和_____两大类。

2．普通液压动力转向系统克服了机械转向系统_____和_____之间的矛盾。

3．普通液压动力转向系统通过_____控制高压油流向转向动力缸的左腔或右腔。

4．普通液压动力转向系统的液压部件主要有_____、_____、_____、转向油罐等。

5．齿轮齿条式液压动力转向系统中的转向齿条受_____及_____驱动。

6.液压动力转向系统中的转阀式转向控制阀主要由外壳、_____、_____、_____等机件组成。

二、判断题

1.当动力转向装置的驱动油泵有故障不能工作时，汽车将不能实现转向。（　　）

2.动力转向系统油路进气会引起转向不灵敏。（　　）

3.常流式动力转向系统，通过转向传动副使液压系统内的单向阀改变油路方向，实现不同的转向。（　　）

4.常流式动力转向系统中，流量控制阀的作用是将多余的油流回低压侧，以控制最小供油量。（　　）

5.汽车液压动力转向系统要求转向控制阀具有随动性的机能，动力缸活塞之所以能以一定的响应速度跟随转向盘运动，是因为活塞与转向控制阀间存在反馈联系。（　　）

6.转向时，油泵处出现噪声，可能是储油罐中油量不够所致。（　　）

7.油液脏污可能会造成动力转向左、右转弯时轻重不同。（　　）

8.液压动力转向油泵驱动皮带打滑，会造成快速转向时沉重。（　　）

9.为满足重型载重汽车和高速轿车转向更轻便、灵敏的要求，常采用动力转向并配合较小的传动比。（　　）

10.汽车液压动力转向系中，安全阀既可限制最大压力，又可限制多余的油液。（　　）

11.汽车常流滑阀式液压动力转向助力器中，控制阀的定中弹簧有使汽车转向后能自动回正的作用。（　　）

12.整体式动力转向器将转向油泵、转向控制阀、转向动力缸和转向器集成一体。（　　）

13.动力转向系统的液压油容易燃烧，所以要经常检查和维护液压系统，防止液压油落在排气管上。（　　）

14.汽车液压动力转向系统中的转阀式转向控制阀，是直接由转向轴驱动的。（　　）

15.液压动力转向系统的汽车，当转向油泵发生故障时汽车不能转向。（　　）

16.小轿车配置动力转向系统是为了使转向既轻便又灵敏。（　　）

17.液压动力转向系统的汽车在处于直线行驶时，动力缸活塞两端所受油压大小相等。（　　）

三、单选题

1.在转向系统中，采用液力式转向时，由于液体的阻尼作用，吸收了路面的冲击负荷，故可采用正效率高的（　　）转向器。

    A.极限不可逆式   B.不可逆式

    C.极限可逆式   D.可逆程度大的

2.在有些轿车上，液压动力转向系统还给（　　）系统提供动力。

    A.制动   B.悬架

    C.离合器操纵   D.冷气

3.当转动转向盘时，动力转向系统发出不正常的啸叫声，其可能原因是（　　）

    A.油泵失效   B.油泵进油管密封不良

C．安全阀失效　　　　　　　　　　D．流量控制阀失效

4．检查液压动力转向系统的油泵、安全阀、动力缸等部件是否良好，接上带截止阀的专用压力表。以下哪项判断是正确的？（　　　）

A．打开截止阀，转向盘打死，压力表读数达不到规定值，则油泵或安全阀有故障

B．打开截止阀，转向盘打死，压力表读数达不到规定值，则动力缸或分配阀有故障

C．关闭截止阀，压力表读数达不到规定值，则说明油泵或安全阀有故障

D．关闭截止阀，压力表读数达不到规定值，则说明油动力缸或分配阀有故障

5．检查油泵的安全阀、动力缸等部件是否良好，接上带开关的压力表，关闭开关的持续时间不能超过（　　　）。

A．1s　　　　　　　B．10s　　　　　　C．25s　　　　　　D．没有限制

6．液压动力转向系统的高压油液的压力能达到（　　　）。

A．2MPa～4MPa　　　　　　　　　　B．4MPa～6MPa

C．8MPa～10MPa　　　　　　　　　　D．10MPa～100MPa

7．关于液压动力转向系统中的定中弹簧组，下列说法（　　　）不正确。

A．用于滑动式转向控制阀

B．用于回转式转向控制阀

C．汽车直线行驶时，使滑阀保持在中间的位置

D．可以实现自动回正功能

8．齿轮齿条式液压动力转向系统的动力缸，如果齿条活塞密封不良，会导致（　　　）的故障现象。

A．左转向动力降低　　　　　　　　B．右转向动力降低

C．左、右转向动力都降低　　　　　D．不确定

9．以下对于转向控制阀描述错误的是（　　　）。

A．用于控制油液流向　　　　　　　B．主要由阀套、阀芯、扭杆及外壳组成

C．分为滑阀式及转阀式　　　　　　D．采用电磁阀控制其阀芯位置

10．以下对于转向助力油描述错误的是（　　　）。

A．需定期检查其油质、油位　　　　B．需定期更换

C．不同品牌的油不可混用　　　　　D．不可混入空气及水分

四、简答题

1．普通液压动力转向系统的主要维护项目有哪些？

2．画出桑塔纳2000轿车动力转向系统简图，说明其工作过程。

五、分析题

1．一辆轿车采用转阀式普通液压动力转向系统，其转向器为齿轮齿条式。此轿车出现低速时转向沉重的故障，而中、高速时故障现象有所缓解。试画出此轿车转向系统的简图，并分析其故障的原因及诊断方法。

2．试分析桑塔纳2000轿车行驶跑偏故障的原因及其诊断与排除的方法。

项目六

电控助力转向系统检修

【项目描述】

一辆 LS400 轿车转向沉重，通过本故障的分析与排除引出本学习项目。本项目要求通过相关知识和技能的学习后排除此故障。本项目的主要任务有电控助力转向系统初步检查和检测电控助力转向系统电气元件。

【知识目标】

（1）掌握电控助力转向系统的功用、组成与类型。
（2）掌握电控助力转向系统的结构、工作原理。
（3）了解主动转向系统结构、工作原理。

【技能目标】

（1）能够正确检测电控助力转向系统传感器。
（2）能够正确检测电控助力转向系统电磁阀。
（3）能够正确检测电控助力转向系统电机和电磁离合器。

↗ 任务一　电控助力转向系统初步检查

【任务描述】

本任务对 LS400 轿车电控动力转向系统的机械和液压部分进行检查，以分析转向沉重故障是否是因为这些部位出现问题而引起的。

【任务分析】

电控液压动力转向系统是由机械、液压和电气系统 3 部分组成的，任何一部分出现问题都有可能引起转向沉重故障。本任务要确定是否是因为机械或者液压部分产生问题而引起转向沉重故障。

本任务需要以下设备、工具：LS400 轿车整车（或其转向系统台架）、油压表、常用工具。

【任务实施】

LS400 轿车电控液压助力转向系统的初步检查按以下步骤进行。

（1）检查轮胎气压是否正常。

（2）检查悬架与转向连接件之间润滑情况。

（3）检查前轮定位。

（4）检查转向系统接头及悬架臂球接头。

（5）检查转向柱管是否弯曲。

（6）检查油泵皮带松紧度，如图 6-1 所示。

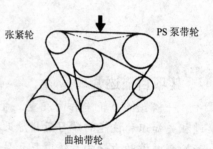

图 6-1　检查油泵皮带松紧度

在 100N 作用力的按压下，皮带下沉量应为如下情况。

① 运转 5min 以内时：7.5mm～9.5mm。

② 运转 5min 以上时：9mm～13mm。

（7）检查转向储油罐油面高度。

保持车身水平状态，运转发动机使转向助力油流动，转向助力油应无泡沫，此时查看油面高度，应位于储油罐 MAX 与 MIN 刻线之间。LS400 轿车采用的转向助力油牌号为 DEXRON II。

（8）检查油压。发动机怠速运转，使转向助力油温度上升至正常工作温度后可进行油压检查，油压检查方法如图 6-2 所示。

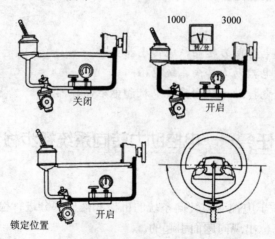

图 6-2　油压检查

油压检查标准值如下。

① 检查阀关闭时：油压不小于 7845kPa。

② 检查阀全开时（1000r/min 和 3000r/min 时）：油压差不大于 490kPa。

③ 检查转向盘在锁定位置时：油压不小于 7845kPa。

（9）检查转向盘转向力矩：不大于 5.9N•m。

任务二 检测电控助力转向系统电路及电气元件

【任务描述】

本任务检测 LS400 轿车电控助力转向系统的电气元件。

【任务分析】

LS400 轿车电控助力转向系统的电气元件较少，仅包括 1 个电磁阀、1 个车速传感器和 1 个 ECU，其中车速传感器与自动变速器共用，即自动变速器输出轴处的那只。本任务主要检测车速传感器、动力转向旁通电磁阀及 ECU。

本任务需要以下设备、工具：LS400 轿车整车（或其转向系统台架）、万用表、蓄电池、常用工具。

【任务实施】

一、电路检测

（1）将点火开关置于 ON。

（2）检查 ECU-IG 熔断丝是否正常，若不正常则更换。

（3）用万用表检测转向 ECU 的 GND 端子与搭铁之间的电阻，正常应为 0Ω。若电阻为∞说明 GND 端子与搭铁之间断路。

（4）拔下转向 ECU 插头，用万用表检测+B 端子与搭铁之间的电压，应为 10V～14V。若电压为 0V 说明蓄电池与 ECU 断路，若电压低于 10V 说明蓄电池亏电。

二、电气元件检测

1．检测电磁阀

LS400 轿车旁通电磁阀的检测方法如下。

（1）拆下电磁阀电线接头。

（2）测量电磁阀 SOL+端子和 SOL-端子之间的电阻，阻值应为 6Ω～11Ω。

（3）将电磁阀 SOL+端子接蓄电池正极，SOL-端子接蓄电池负极，电磁阀针阀应缩回 2mm 左右。若不能缩回或缩回量太少，说明电磁阀针阀卡滞。

（4）接上电线接头。

（5）从齿轮座上拆下电磁阀。

（6）检查电磁阀动作，其方法是将电池正极接电磁阀 SOL+端子，再将电池负极接电磁阀 SOL-端子，确认针阀缩进大约 2mm；如果不是，则更换电磁阀。

2．检测车速传感器

（1）支起一侧前轮并转动此轮。

（2）用万用表测量 ECU 的 SPD 与 GND 端子之间的电阻，阻值应在 0Ω—∞—0Ω之间变化。

3．检测 ECU

LS400 动力转向 ECU 的检测方法如下。

（1）支起汽车。

（2）拆下手袋箱。注意，不要拔出计算机的连接线。

（3）启动发动机。

（4）测量计算机的电压，其方法是当发动机在怠速运转时，用万用表分别测量 ECU 的 SOL+及 SOL-与 GND 之间的电压，如图 6-3 所示。电压应符合以下规定值：发动机怠速情况下，0.32V～0.44V；挂上挡车速为 60km/h 时，0.07V～0.22V。

若所测电压不符合上述值，则说明 ECU 已损坏，需更换。

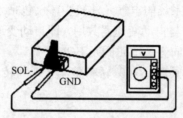

图 6-3　转向 ECU 检测

【相关知识】

一、电控助力转向系统概述

汽车是通过轮胎与路面之间的相互作用力来完成转向运动的。而转向运动又是驾驶员在驾驶室操纵转向系统以控制前轮、后轮的转动来实现的。一般的转向系统由转向操纵机构、转向器、转向传动机构和转向节等构成。

为了减轻转向盘的操纵力，很多汽车都装有动力转向装置（Power Steering，PS），即采用普通动力转向系统。普通动力转向系统可以使转向操纵灵活、轻便，但它的缺点是具有固定的动力放大倍数，因此无法兼顾高速和低速时车辆对转向助力的不同要求。而电控动力转向系统（Electronic Control Power Steering，EPS）因具有可变的动力放大倍数，既可在低速时使转向轻便、灵活，又能在高速时保证稳定的转向手感，其驾驶舒适性、操纵稳定性更高，所以在轿车上得到了广泛的应用。

按动力源的不同，电控动力转向系统可分为液压式和电动式两类。液压式 EPS 在普通动力转向系统的基础上增设了控制液体流量的电磁阀、车速传感器以及电控单元。电控单元依据车速信号控制电磁阀，使动力转向的助力程度实现连续可调，从而满足车辆在高、低速时的转向助力要求。电动式 EPS 用电动机作为动力源，电控单元依据转向参数和车速传感器信号控制电动机转矩的大小和方向，加在转向机构上，使之得到一个相应的转向助力。

为改善整车的转向特性和响应特性，从 20 世纪 80 年代起国外就开始陆续采用四轮转向系统（4 Wheel Steering，4WS）。4WS 控制系统可在车辆低速行驶时，进行逆相转向操纵（与前轮的转向方向相反），使小转向的性能更好；而中高速行驶时，进行同相转向操纵（与前轮的转向操纵力向相同），以提高高速时的变换车道或转向时的操纵稳定性。

二、电控液压式动力转向系统

液压式 EPS 在轿车上应用广泛，如上海大众 POLO、一汽大众奥迪 A6。根据控制方式的不同，液压式电控动力转向系统又可分为反力控制式、流量控制式和阀灵敏度控制式3 种形式。

1. 反力控制式 EPS

反力控制式电控动力转向系统能根据车速大小，控制油压反力室，改变转向控制阀扭杆的扭转刚度，从而实现对转向助力大小的控制。

如图 6-4 所示，系统主要由转向控制阀、分流阀、电磁阀、转向动力缸、转向油泵、储油罐、车速传感器及电控单元等组成。转向控制阀是在传统的转阀式转向控制阀的基础上增设了油压反力室而构成的。扭杆 4 的上端通过销 6 与阀芯 7 相连，下端与小齿轮轴 14 用销 15 连接。小齿轮轴的上端通过销 9 与控制阀阀套 8 相连。

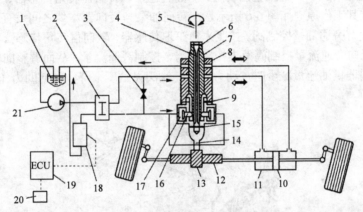

图 6-4　反力控制式动力转向系统

1—转向油罐；2—分流阀；3—节流孔；4—扭杆；5—转向盘；6、9、15—销；7—阀芯；8—
阀套；10—活塞；11—转向动力缸；12—齿条；13—小齿轮；14—小齿轮轴；16—柱塞；17—
油压反力室；18—电磁阀；19—电控单元；20—车速传感器；21—转向油泵。

转向时，转向盘上的转向力通过扭杆传递给小齿轮轴。当转向力增大时，扭力杆发生扭转变形，控制阀阀套和阀芯之间将发生相对转动，于是就改变了阀套和阀芯之间油道的通、断关系和工作油液的流动方向，从而实现转向助力作用。

分流阀 2 是将来自转向油泵的液压油向控制阀一侧和电磁阀 18 一侧进行分流的阀。按照车速和转向要求，改变控制阀一侧与电磁阀一侧的油压，确保电磁阀一侧具有稳定的液压油流量。节流孔 3 的功用是将供给转向控制阀的一部分流量分配到油压反力室 17 一侧。电磁阀的功用是根据需要将油压反力室一侧的液压油流回转向油罐，以控制油压反力室油压。电控单元（ECU）根据车速的高低，线性控制电磁阀的泄压口开度。

当车辆停驶或速度较低时，ECU 使电磁线圈的通电电流增大，电磁阀泄压口开度增大，经分流阀分流的液压油通过电磁阀重新回流到转向油罐中，所以作用于柱塞 16 的背压（油压反力室压力）降低。于是两个柱塞夹住扭杆的力（反力）较小，此时只需要较小的转向力就可使扭杆扭转变形，使阀套和阀芯发生相对转动而实现转向助力作用，因此可使转向轻便。

当车辆在中高速区域转向时，ECU 使电磁线圈的通电电流减小，电磁阀泄压口开度减小，所以油压反力室的油压升高，作用于柱塞的背压增大，于是两个柱塞夹住扭杆的力增大，此时需要较大的转向力才能使阀套和阀芯之间做相对转动（相当于增加了扭杆的扭转刚度）而实现转向助力作用，因此使转向盘较重，从而在中高速时可使驾驶员获得良好的转向手感和转向特性。

反力控制式电控动力转向系统的优点是具有较大的**选择**转向力的自由度，转向刚度大，驾驶员能准确感受到路面情况，可以获得稳定的操作手感等。其缺点是结构复杂，且价格较高。

2. 流量控制式 EPS

流量控制式电控动力转向系统通过车速信号来调节向动力转向装置供应的油量，从而实现对转向助力的控制。

日本蓝鸟轿车上使用的流量控制式动力转向系统基本结构如图 6-5 所示。它是在一般液压动力转向系统上增加了旁通流量控制阀、车速传感器、转向盘转角传感器、电控单元和控制开关等元件。其工作原理如图 6-6 所示，在转向油泵与转向器本体之间设有旁通管路，在旁通管路中又设有旁通油量控制阀。按照来自车速传感器、转向盘转角传感器和控制开关的信号，电控单元向旁通流量控制阀发出控制信号，控制旁通流量，从而调**整**向转向器供油的流量。当向转向器供油流量减少时，动力转向控制阀灵敏度下降，转向助力作用降低。

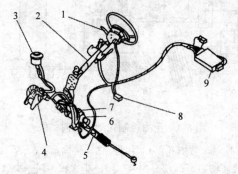

图 6-5　流量控制式 EPS 的基本结构

1—转向盘转角传感器；2—转向柱；3—转向油罐；4—转向油泵；5—转向齿轮联动机构；
6—电磁线圈；7—旁通流量控制阀；8—转向盘转角传感器增幅器；9—电控单元。

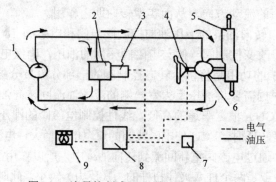

图 6-6　流量控制式 EPS 的工作原理示意图

1—转向油泵；2—旁通流量控制阀；3—电磁线圈；4—转向角速度传感器；5—转向动力缸；
6—控制阀；7—车速传感器；8—电控单元；9—控制开关。

图 6-7 所示为该系统旁通流量控制阀的结构示意图。在阀体内装有主滑阀 1 和稳压滑阀 2，主滑阀的右端与电磁线圈柱塞 3 连接，主滑阀与电磁线圈的推力成正比移动，从而改变主滑阀左端流量主孔 6 的开口面积。调整调节螺钉 4 可以调节旁通流量的大小。稳压滑阀的功用是保持流量主孔前后压差的稳定，以使旁通流量与流量主孔的开口面积成正比。当因转向负荷变化而使流量主孔前后压差偏离设定值时，稳压滑阀阀芯将在其左侧弹簧张力和右侧高压油压力的作用下发生滑移。如果压差大于设定值，则阀芯左移，使节流孔开口面积减小，流入到阀内的机油量减少，前后压差减小；如果压差小于设定值，则阀芯右移，使节流孔开口面积增大，流入到阀内的机油量增多，前后压差增大。流量主孔前后压差的稳定保证了旁通流量的大小只与主滑阀控制的流量主孔的开口面积有关。

流量控制式电控动力转向系统的优点是在原来液压动力转向功能上又增加了液压油流量控制功能，所以结构简单、成本较低。但是，当流向动力转向机构的液压油降低到极限值时，对于快速转向会产生压力不足、响应较慢等缺点，从而使它的推广应用受到限制。

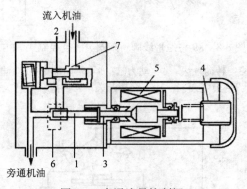

图 6-7　旁通流量控制阀

1—主滑阀；2—稳压滑阀；3—电磁线圈柱塞；4—调节螺钉；5—电磁线圈；6—流量主孔；7—节流孔。

3. 阀灵敏度控制式 EPS

阀灵敏度控制式 EPS 是根据车速控制电磁阀直接改变动力转向控制阀的油压增益（阀灵敏度）来控制油压，从而控制转向助力的大小。

图 6-8 所示为 89 型地平线牌轿车所采用的阀灵敏度控制式动力转向系统。该系统对转向控制阀做了局部改进，增加了电磁阀、车速传感器和 ECU 等。控制阀的可变小孔分为低速专用小孔（1R、1L、2R、2L）和高速专用小孔（3R、3L）两种，在高速专用可变孔的下边设有旁通电磁阀回路。图 6-9 所示为该系统的控制阀等效液压回路，其工作过程如下。

当车辆停止时，电磁阀完全关闭，如果此时向右转动转向盘，则高灵敏度低速专用小孔 1R 及 2R 在较小的转向扭矩作用下即可关闭，转向油泵的高压油液经 1L 流向转向动力缸右腔室，其左腔室的油液经 3L、2L 流回转向油罐，所以此时具有轻便的转向特性。施加在转向盘上的转向力矩越大，可变小孔 1L、2L 的开口面积越大，节流作用越小，转向助力作用越明显。随着车辆行驶速度的提高，在电控单元的作用下，电磁阀的开度也线性增加，如果向右转动转向盘，则转向油泵的高压油液经 1L、3R 旁通电磁阀流回转向油罐。

此时，转向动力缸右腔室的转向助力油压就取决于旁通电磁阀和灵敏度低的高速专用可变孔 3R 的开度。车速越高，在电控单元的控制下，电磁阀的开度越大，旁路流量越大，转向助力作用越小；在车速不变的情况下，施加在转向盘上的转向力越小，高速专用小孔 3R 的开度越大，转向助力作用也越小，当转向力增大时，3R 的开度逐渐减小，转向助力作用也随之增大。由此可见，阀灵敏度控制式电控动力转向系统可使驾驶员获得非常自然的转向手感和良好的速度转向特性。

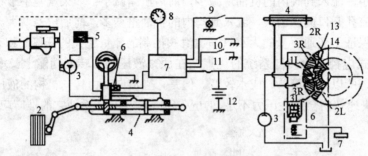

图 6-8　89 型地平线牌轿车阀灵敏度控制式 EPS

1—发动机；2—前轮；3—转向油泵；4—动力缸；5—转向油罐；6—电磁阀；7—电控单元；
8—车速传感器；9—车灯开关；10—空挡开关；11—离合器开关；12—蓄电池；
13—外体；14—内体。

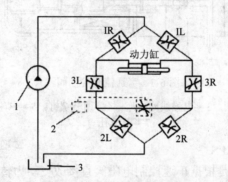

图 6-9　控制阀等效液压回路

1—转向油泵；2—控制单元；3—转向油罐。

这种转向系统结构简单、部件少、价格便宜，而且具有较大的选择转向力的自由度，可以获得自然的转向手感和良好的转向特性。

三、电动式动力转向系统

1. 电动式 EPS 的特点与类型

1）电动式 EPS 的特点

液压式电控动力转向系统由于工作压力和工作灵敏度较高、尺寸较小，因而获得了广泛应用。但这类动力转向系统的共同缺点是结构复杂、消耗功率大、容易产生泄漏、转向助力不易有效控制等。近年来随着微机在汽车上的广泛应用，出现了电动式电控动力转向系统，简称电动式 EPS。其具有如下优点。

（1）电动机、离合器、减速装置、转向杆等部件装配成一个整体，既无管道也无控制阀，使其结构紧凑、质量减小。

（2）没有液压式动力转向系统所需的常运转转向油泵，电动机只是在需要转向时才接通电源，所以可节省燃料。

（3）省去了油压系统，所以不需要给转向油泵补充油，也不必担心漏油。

（4）可以比较容易地按照汽车的需要设置、修改转向助力特性。

目前，电动式EPS在一些轿车上得到了应用，如广本飞度、丰田雷克萨斯和锐志。

2）电动式EPS的类型

根据电动机对转向系统产生助力部位的不同，电动式EPS可分为转向轴助力式、转向齿轮助力式和转向齿条助力式3类，图6-10所示为转向轴助力式EPS。

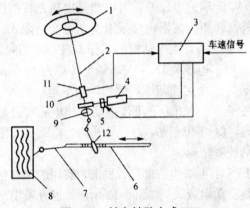

图6-10　转向轴助力式EPS

1—转向盘；2—转向轴；3—电控单元；4—电动机；5—电磁离合器；6—转向齿条；7—横拉杆；8—转向轮；9—输出轴；10—扭杆；11—转矩传感器；12—转向齿轮。

2. 电动式EPS的基本结构

电动式EPS通常由转矩传感器、车速传感器、电控单元（ECU）、电动机、电磁离合器和减速机构等组成。转矩传感器如图6-11（a）所示。

转矩传感器的功用是测量转向盘与转向器之间的相对转矩，以作为电动助力的依据之一。图6-11（b）所示为无触点式转矩传感器的结构及工作原理图。在输出轴的极靴上分别绕有A、B、C、D 4个线圈，转向盘处于中间位置（直线行驶）时，扭力杆的纵向对称面正好处于图示输出轴极靴AC、BD的对称面上。当在U、T两端加上连续的输入脉冲电压信号U_i时，由于通过每个极靴的磁通量相等，所以在V、W两端检测到的输出电压信号$U_o=0$。转向时，由于扭力杆和输出轴极靴之间发生相对扭转变形，极靴A、D之间的磁阻增大，B、C之间的磁阻减小，各个极靴的磁通量发生变化，于是在V、W之间就出现了电位差。其电位差与扭力杆的扭转角和输入电压U_i成正比。如果比例系数为K，则有：

$$U_o=KU_i\theta$$

式中，U_o为输出电压；K为比例系数；U_i为输入电压；θ为扭力杆扭转角。

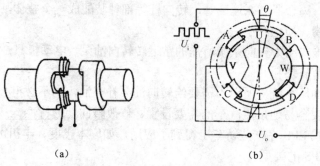

（a）

（b）

图 6-11　无触点式转矩传感器

（a）转矩传感器；（b）电路图。

所以，通过测量 V、W 两端的电位差就可以测量出扭力杆的扭转角，于是也就知道了转向盘施加的转矩。此外，转矩传感器也可采用滑动可变电阻式。

电动式 EPS 电动机与启动用直流电动机的工作原理基本相同，但一般采用永磁磁场。其最大电流一般为 30A 左右，电压为 DC12V，额定转矩为 10N·m 左右。

电动式 EPS 一般都设定一个工作范围。例如，当车速达到 45 km/h 时，就不需要辅助动力转向，这时电动机将停止工作。为了不使电动机和电磁离合器的惯性影响转向系统的工作，离合器应及时分离，以切断辅助动力。另外，当电动机发生故障时，离合器会自动分离，这时仍可利用手动控制转向。

减速机构是电动式 EPS 不可缺少的部件。目前，实用的减速机构有多种组合方式，一般采用蜗轮蜗杆与转向轴驱动组合式，如图 6-12 所示。也有采用两级行星齿轮与传动齿轮组合式的。为了抑制噪声、提高耐久性，减速机构中的齿轮有的采用特殊齿形，有的采用树脂材料制成。

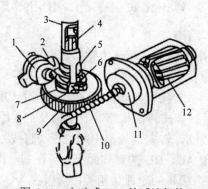

图 6-12　电动式 EPS 的减速机构

1—转矩传感器；2—控制臂；3—传感器轴；4—扭杆；5—滑块；6—球槽；7—连接环；8—钢珠；9—蜗轮；10—蜗杆；11—离合器；12—电动机。

3. 电动式 EPS 的工作原理

电动式 EPS 的工作原理如图 6-13 所示。当操纵转向盘时，装在转向盘轴上的转矩传感器不断地测出转向轴上的转矩信号，该信号与车速信号同时输入到电控单元。电控单元根据这些输入信号，确定助力转矩的大小和方向，即选定电动机的电流和转向，调整转向辅助动力的大小。电动机的转矩由电磁离合器通过减速机构减速增矩后，加在汽车的转向机构上，使之得到一个与汽车工况相适应的转向作用力。

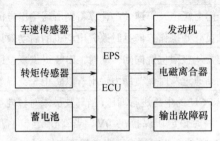

图 6-13　电动式 EPS 电控系统示意图

4. 雷克萨斯 ES430 动力转向系统

雷克萨斯 ES430 动力转向系统的组成如图 6-14 所示，它是一个电控电动式动力转向系统，其工作原理如图 6-15 所示，其控制功能如表 6-1 所列。

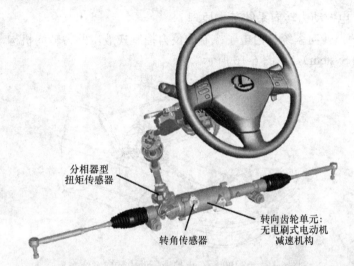

图 6-14　雷克萨斯 ES430 电控动力转向系统

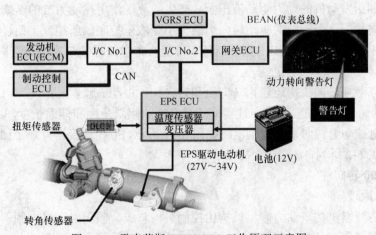

图 6-15　雷克萨斯 ES430 EPS 工作原理示意图

表 6-1　雷克萨斯 ES430 电控动力转向系统控制功能

项　　目	功　　能
基本控制	根据转向力矩值及车速大小计算得到所需输出电流控制电动机运转
惯性补偿控制	当驾驶员开始操作方向盘时改善电动机的启动效果
转向复位控制	当方向盘从极限位置向回转动时，EPS 提供复位助力控制
衰减控制	当车辆高速过弯时调节助力输出，以防止车身出现较大摇摆
变压器增压控制	对 EPS ECU 的电压进行增压，当驾驶员未对转向盘进行任何操作时或车辆保持直线行驶时该电压保持在 0V。当驾驶员转向盘进行操作时根据负载大小以 27V～34V 的电压对输出助力进行可变控制
系统过热保护控制	根据电流大小及其作用时间估计电动机温度。如果温度超出规定范围系统将对输出电流进行限制，以防止电动机过热

四、LS400 轿车液压式电控动力转向系统

1. LS400 电控动力转向系统基本原理

丰田雷克萨斯转向系统是由电子控制的反力控制式液压助力转向机构，称为 PSS 系统（Power Steering System），如图 6-16 所示。

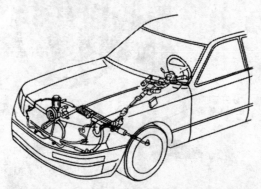

图 6-16　LS400 轿车电控液压助力转向系统布置

该系统利用发动机的动力驱动液压泵，产生的液压作用在动力缸的活塞上，通过齿轮齿条操纵转向轮。这个辅助的驱动转向力的大小受液压控制阀所控制，而控制阀又受 PSS ECU 的指令控制。所以，丰田雷克萨斯轿车可随汽车道路行驶车速改变液压助力的大小，提高车辆的转向性和操纵稳定性。

丰田雷克萨斯转向机构还包括转向盘和转向柱。由动力倾斜/动力伸缩 ECU 控制的转向柱，可根据驾驶员的需要令转向柱自动选择合适的倾斜角度和伸缩长度，以及返回原位。

LS400 电控动力转向系统控制电路如图 6-17 所示，ECU 连接器各端子如图 6-18 所示，端子名称如表 6-2 所列。

2. LS400 转向柱

1）工作原理

（1）动力倾斜机构。动力倾斜机构由控制机构总成、倾斜电动机、倾斜位置传感器、倾斜开关、未锁警告开关和倾斜 ECU 组成，如图 6-19 所示。

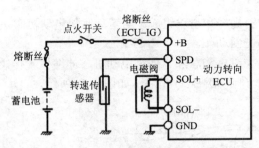

图 6-17 LS400 动力转向 ECU 外部电路

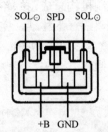

图 6-18 动力转向 ECU 的配线连接器

表 6-2 LS400 动力转向端子名称

端子编号	符号	端子名称
1	GND	搭铁
2	SOL+	电磁阀正极
3	SOL-	电磁阀负极
4	SPD	车速传感器
5	+B	电源

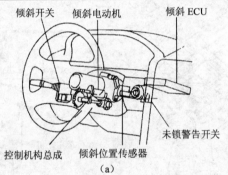

（a）

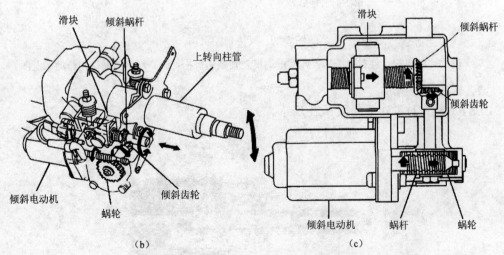

（b）

（c）

图 6-19 动力倾斜机构

（a）动力倾斜机构元件布置；（b）倾斜电动机及其减速机构；（c）动力倾斜机构传动示意图。

控制机构总成由蜗轮、倾斜齿轮、倾斜蜗杆和滑块组成。当转动倾斜电动机时，滑动块在倾斜蜗杆上移动，完成上转向柱管的倾斜动作。

（2）动力伸缩机构。动力伸缩机构由控制机构总成、伸缩电动机、伸缩位置传感器、伸缩（倾斜）开关、未锁警告开关及伸缩（倾斜）ECU组成，如图6-20所示。

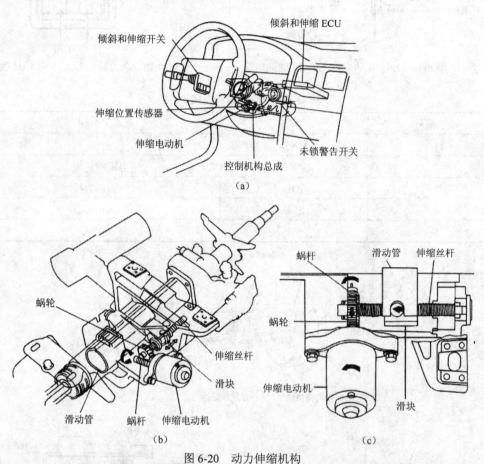

图6-20 动力伸缩机构

（a）动力伸缩机构元件布置；（b）伸缩电动机及其减速机构；（c）动力伸缩机构传动示意图。

2）转向柱的组成

LS400转向柱的组成如图6-21所示。

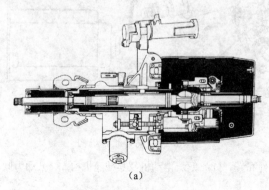

（a）

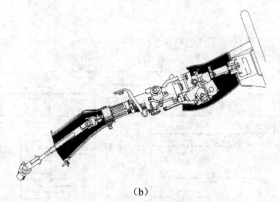

（b）

图 6-21　LS400 转向柱组成图

（a）LS400 转向柱上端组成；（b）LS400 转向柱整体结构。

3．电控控制系统

1）元件位置

LS400 电子控制转向系统元件位置如图 6-22 所示。

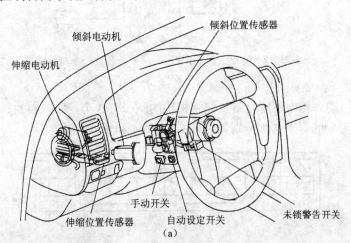

（a）

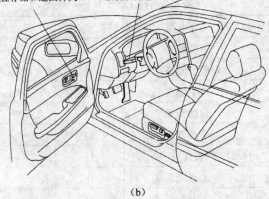

（b）

图 6-22　电子控制元件位置图

（a）信号输入装置及执行器位置；（b）LS400 电子控制转向系统。

2）电路

LS400 电控控制转向系统电路如图 6-23 所示。

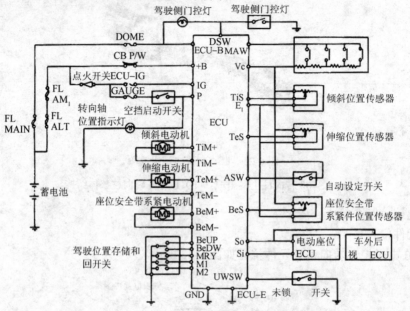

图 6-23 LS400 电控动力转向系统倾斜和伸缩系统线路图

3）ECU 端子及名称

LS400 电控动力转向系统倾斜和伸缩机构的端子有 3 个，如图 6-24、图 6-25、图 6-26 所示，与之相对应的端子名称分别如表 6-3、表 6-4 和表 6-5 所列。

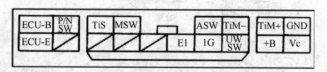

图 6-24 端子 T12

表 6-3 T12 端子名称

端子编号	符 号	端子名称	端子编号	符 号	端子名称
1	GND	搭铁	10	+B	电源
2	TiM+	向上倾斜	11	UWSW	未锁警告开关
3	TiM-	向下倾斜	12	IG	点火开关
4	ASW	自动开关	13	E₁	传感器搭铁
5	MSW	手动开关	14	—	—
6	TiS	倾斜传感器	15	—	—
7	P/N SW	驻车制动开关	16	—	—
8	ECU-B	电源	17	—	—
9	Vc	传感器电源	18	EUC-E	搭铁

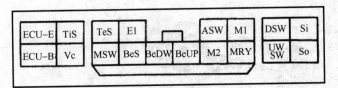

图 6-25　端子 T13

表 6-4　T13 端子名称

端子编号	符号	端子名称	端子编号	符号	端子名称
1	Si	串行输入	10	UWSW	未锁警告开关
2	DSW	门控灯开关	11	MRY	存储开关
3	M1	返回开关 1	12	M2	返回开关 2
4	ASW	自动开关	13	ReUP	安全带收紧开关
5	E_1	传感器接地	14	BeDW	安全带放松开关
6	TeS	伸缩传感器	15	BeS	安全带紧传感器
7	TiS	倾斜传感器	16	MSW	手动开关
8	ECU-E	搭铁	17	Vc	传感器电源
9	So	串行输出	18	ECU-B	电源

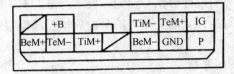

图 6-26　端子 T14

表 6-5　T14 端子名称

端子编号	符号	端子名称	端子编号	符号	端子名称
1	IG	点火开关	7	GND	搭铁
2	TeM+	向前伸缩	8	BeM-	安全带放松
3	TiM-	向下倾斜	9		
4	+B	电源	10	TiM+	向上倾斜
5			11	TeM-	向后伸缩
6	P	空挡开关	12	BeM+	安全带收紧

【知识链接】

一、四轮转向系统

1. 机械式四轮转向系统的组成

如图 6-27 所示，该系统主要由转向盘、前轮转向器、后轮取力齿轮箱、后轮转向传动轴、后轮转向器等组成。后轮转向也是绕转向节主销偏转的，其结构与前轮相似。

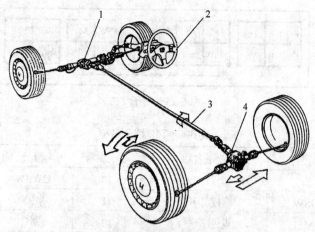

图 6-27　机械式四轮转向系统

1—后轮转向取力齿轮箱；2—转向盘；3—后轮转向传动轴；4—后轮转向器。

2. 液压式四轮转向系统

液压式四轮转向系统的结构如图 6-28 所示，主要由前轮动力转向器、前轮转向油泵、控制阀及后轮转向动力缸、后轮转向油泵等组成。

后轮转向系统由控制阀、后轮转向油泵和后轮转向动力缸组成。控制阀的内腔被柱塞分割成几个工作油腔，左、右油腔分别与前轮转向动力缸的左、右油腔相通，柱塞的位置由前轮动力缸内的油压进行控制。后轮转向油泵由后轴差速器驱动，其输出油量只受车速影响。

3. 电控液压式四轮转向系统

如图 6-29 所示，该系统主要由转向盘、转向油泵、前动力转向器、后轮转向传动轴、车速传感器、电子控制单元、后轮转向系统组成。

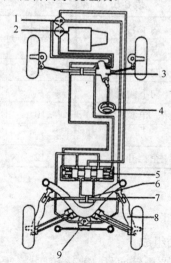

图 6-28　液压式四轮转向系统示意图

1—储油罐；2—转向油泵；3—前轮动力转向器；4—转向盘；5—后轮转向控制阀；6—后轮转向动力缸；7—铰接头；8—从动臂；9—后轮转向专用油泵。

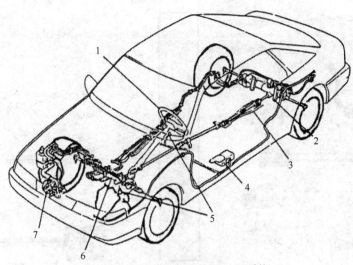

图 6-29　电控液压式四轮转向系统

1—转向盘；2—后轮转向系统；3—后轮转向传动轴；4—电子控制单元；5—车速传感器；6—
前动力转向器；7—转向油泵。

二、宝马 E60 主动转向系统

1. 系统组成

宝马轿车最先使用动态行驶的转向系统——主动转向系统（Active Front Steering，AFS），该系统的机械、液压部件如图 6-30 所示，电控系统如图 6-31 所示。

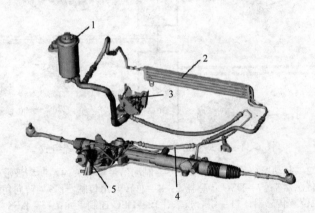

图 6-30　宝马 E60 主动转向系统机械液压部件

1—储油罐；2—助力油散热器；3—助力泵及 ECO 阀；4—油管；5—转向器及执行单元。

这种电子控制的转向系统以助力转向系统的瞬时助力为基础，借助可变的转向传动比为驾驶员提供助力。该转向系统的核心件是重叠式转向器，它是一个集成于分体式转向柱内的行星齿轮组。一台电动机根据车辆行驶速度通过蜗杆传动机构驱动行星齿轮组。这样该转向系统就会根据行驶状况，通过改变转向轴与齿轮之间的传动比使转向角增大或减小。

在紧急状况下，该转向系统可以有针对性地改变驾驶员所转到的车轮转向角并因此使车辆快速稳定下来（与驾驶员相比）。

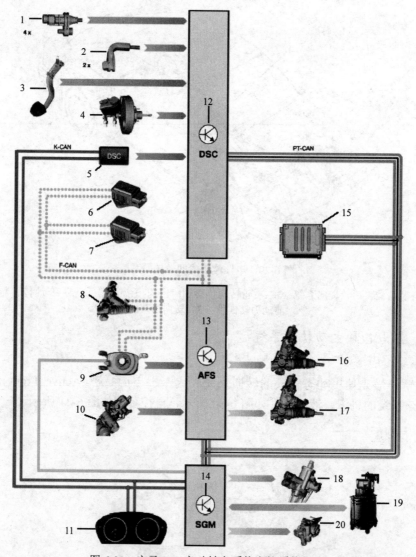

图 6-31　宝马 E60 主动转向系统电控系统组成

1—轮速传感器；2—制动摩擦片磨损传感器；3—制动信号灯开关；4—制动液液位开关；5—DSC
按钮；6—DSC 传感器 1；7—DSC 传感器 2；8—总转向角传感器；9—转向角传感器；10—执
行单元的电动机位置传感器；11—组合仪表；12—DSC 控制单元；13—AFS 主动转向系统控
制单元；14—SGM 控制单元；15—DME 控制单元；16—执行单元的锁止件；17—主动转向系
统执行单元；18—电子转向助力系统阀门；19—BMW 诊断系统（四轮定位）；20—助力泵及
ECO 阀；PT-CAN—动力传动系 CAN；F-CAN—底盘 CAN；K-CAN—车身 CAN。

　　宝马 E60 主动转向系统的液压泵的体积流量可调，其调节通过一个电动调节阀（ECO）
进行。其调节程度取决于发动机转速、行驶速度和方向盘转角。

2. 系统功能

　　主动转向系统可以有针对性地改变驾驶员所转到的前轮转向角，它在灵活性、舒适性
和安全性方面树立了新的标准。该系统拥有以下功能：可变的转向传动比、偏转率调节
（DSC 支持）及转向助力支持。

1）可变的转向传动比

可变的转向传动比**功能**可根据行驶速度和驾驶员要求的转向角自动匹配转向传动比。转向**系统**的设计要求是：速度较高时传动比较大，速度较低时传动比较小。

速度较低时或驻车时，主动转向**系统**的执行单元显著提高车辆转向操控的轻便性，转动方向盘时不必换手。停车状态下转动 2 圈即可将方向盘从一侧限位位置转到另一侧限位位置。

速度较高（大于 120km/h）时，主动转向**系统**可以使转向传动比大于常规转向**系统**。速度较高时，伺服电动机会反向补偿转向盘转角，同时提高的转向力矩（电子转向助力**系统**）可防止出现不希望的转向移动。

2）偏转率调节

主动转向**系统**可辅助 DSC 使车辆稳定下来。在动态行驶的临界状况下，主动转向**系统**可以有针对性地改变驾驶员所转到的车轮转向角且可以使车辆快速稳定下来（比驾驶员快得多）。

DSC 的动作阈值高于主动转向**系统**的动作阈值。如果**系统**识别到车辆处于过度转向状态，主动转向**系统**最先开始工作，以便使车辆稳定下来。只有通过该转向**系统**已无法保证车辆稳定时，DSC 才开始工作。

3）转向助力支持

转向助力支持通过常规的齿条齿轮**式液**压助力转向机构实现。电子转向助力**系统**可作为选装装备。车辆未安装主动转向**系统**时，电子转向助力**系统**的电子装置和软件位于 SGM 内。

安装了主动转向**系统**时，用于转向助力支持的软件位于主动转向**系统**控制单元内。用于控制电子转向助力**系统**阀门和**液压泵**内阀门（ECO）的输出端位于 SGM 内。ECO 用于调节**液压泵**的**液体**体积流量，这样即可根据当前需要为转向助力**系统**提供合适的流量。

3．系统优点

宝马 E60 主动转向**系统**主要具有以下**优点**。

（1）主动转向**系统**可在车辆转向时为驾驶员提供助力，并根据行驶动力学参数主动在转向**系统**中累加一个附加转向角。

（2）驻车时只需要略微转动转向盘，即可获得较大的车轮转向角。转向盘从一侧限位位置转到另一侧限位位置不超过 2 圈。

（3）速度较高时（如在高速公路上），转向传动比会越来越大，直至达到常规转向**系统**的水平，甚至比其传动比更大。

（4）同时提高的转向力矩可防止出现不希望的转向移动，驾驶员感觉车辆比较稳定。为了让车辆沿着所需要的轨迹行驶，驾驶员不必修正转向，主动转向**系统**即可对不希望的车辆移动（如过度转向）进行补偿。

4．系统电路

宝马 E60 主动转向**系统**的电路如图 6-32 所示。

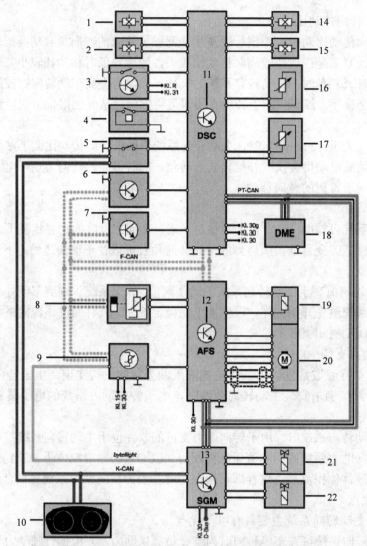

图 6-32　宝马 E60 主动转向系统电路图

1—左前车轮轮速传感器；2—左后车轮轮速传感器；3—制动信号灯开关；4—制动**液**液位开关；
5—DSC 按钮；6—DSC 传感器 1；7—DSC 传感器 2；8—总转向角传感器；9—转向角传感器；
10—组合仪表；11—DSC 控制单元；12—AFS 主动转向**系统**控制单元；13—SGM 控制单元；
14—右前车轮轮速传感器；15—右后车轮轮速传感器；16—制动摩擦片磨损传感器；17—制动
摩擦片磨损传感器；18—DME 控制单元；19—执行单元的锁止件；20—执行单元的电动机；
21—电子转向助力系统阀门；22—助力泵的 ECO 阀；PT-CAN—动力传动系 CAN；F-CAN—
底盘 CAN；K-CAN—车身 CAN；D-Bus—诊断总线；KI.15—总线端 KI.15；KI.30—总线端 KI.30；
KI.R—收音机总线端 KI.；KI.31—总线端 KI.31。

5. 系统主要部件

1）DSC 传感器

横向加速度传感器和偏转率传感器安装在一个壳体内，称为 DSC 传感器，其位置如
图 6-33 所示。车辆安装了主动转向**系统**时，除了作为标准装备的 DSC 传感器之外，还有
另一个 DSC 传感器。

标准 DSC 传感器位于右侧前部座椅下，第二个 DSC 传感器位于左侧前部座椅下。两个 DSC 传感器所用技术相同，但通过软件设有不同的代码。第二个 DSC 传感器冗余采集偏转率和横向加速度信号。两个传感器分别提供偏转率信号和横向加速度信号。使用两个 DSC 传感器可以进行可信度监控。

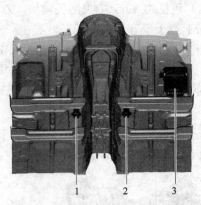

图 6-33　DSC 传感器和主动转向系统控制单元的安装位置

1—主动转向系统的 DSC 传感器；2—制动系统的 DSC 传感器；3—主动转向系统控制单元。

2）总转向角传感器

总转向角传感器用于采集转向齿轮的旋转角信号，由此获得车辆的车轮转向角（或转向角）。总转向角传感器用法兰连接在转向器下部，如图 6-34 所示。

3）执行单元的电机位置传感器

执行单元的电机位置传感器位于主动转向系统执行单元电机的背面，如图 6-35 所示。

总转向角传感器

图 6-34　总转向角传感器

图 6-35　执行单元电机位置传感器

1—电动机位置传感器；2—电动机。

4）转向角传感器

转向角信息从转向柱开关中心（SZL）通过串行接口和 F-CAN 传输到主动转向系统控制单元。为进行转向角冗余计算，SZL 内安装了第二个处理器，用于信号可信度监控。转向角传感器位于转向柱开关中心内。

5）主动转向系统控制单元

主动转向系统控制单元位于右侧脚部空间内，拧在车辆地板上。主动转向系统控制单元装在一个保护壳体内，以免踩坏。保护壳体上有一个销子用于连接主动转向**系统**执行单元的三相导线的屏蔽层。该控制单元通过 PT-CAN 和 F-CAN 连接到车载网络内。主动转向**系统**控制单元根据不同的输入信号计算出用于控制主动转向**系统**执行单元的信号。

6）安全和网关模块

安全和网关模块（SGM）包括由 E65 中央网关模块（ZGM）演化而来的模块以及安全和信息模块（SIM）。SGM 位于手套箱后面的装置架上。SGM 从主动转向**系统**控制单元获得标准流量规定值，以便控制电子转向助力**系统**阀门和 ECO。SGM 按脉冲宽度调制方式控制电子转向助力**系统**阀门和 ECO。车辆未安装主动转向**系统**时，控制电子转向助力**系统**阀门和 ECO 的软件在 SGM 内执行。

7）助力泵

液压泵是一个叶片泵，它有一个电动可调的阀门用于调节**液压油**的体积流量。该阀门的名称为电控流量阀（Electrical Controlled Orifice，ECO），如图 6-36 所示。

液压阀及 ECO

图 6-36　液压阀及 ECO

与常规齿条齿轮式**液压**助力转向机构相比，主动转向**系统**可以提高车轮的角速度。高车轮角速度要求**液压系统**内的**液压功率**必须较高，大尺寸的常规叶片泵通常**功率**损失也较大，因此会提高耗油量。其改进方案是采用可调式**液压泵**。带有 ECO 的**液压泵**可以根据需要调节泵的体积流量，并降低转向**系统**内的动压压力。该系统油路如图 6-37 所示。

因为这种**液压泵**的输入功率较低，所以可以降低车辆的耗油量和 CO_2 排放量。ECO 处于最大开启状态时，**液压泵**可提供最大体积流量 15 L/min（取决于发动机转速）。

该阀处于关闭状态（无电流）时，**液压泵**可提供的体积流量约为 7 L/min（用于转向助力**系统**）。

8）转向助力**系统**冷却器

转向助力**系统**冷却器位于发动机冷却模块上。转向助力**系统**冷却器由 4 根矩形管组成，其上焊有散热片，结构如图 6-38 所示。

9）主动转向**系统**的执行单元

主动转向**系统**执行单元位于转向器上，其安装位置如图 6-39 所示。主动转向**系统**执行单元安装在分体式转向柱内，位于电子转向助力**系统**阀门与齿条之间。

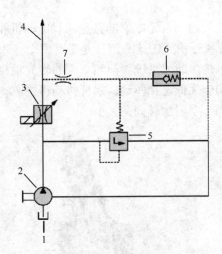

图 6-37　带 ECO 阀门的液压系统油路图

1—储油罐；2—助力泵；3—ECO 阀门；4—齿轮齿条式液压助力转向机械；5—压力控制阀；
6—限压阀；7—节流缓冲阀。

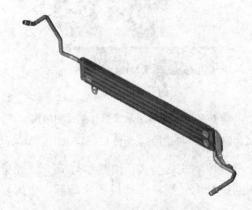

图 6-38　转向助力系统冷却器

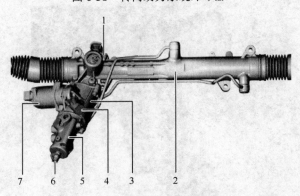

图 6-39　执行单元和齿条

1—总转向角传感器；2—齿条；3—行星齿轮组壳体；4—电磁锁；5—电子转向助力系统阀门；
6—转向轴；7—电动机。

主动转向系统的执行单元由一台无电刷的直流同步电动机和一个行星齿轮组构成，如图 6-40 所示。主动转向**系统**执行单元的核心组件是带有两个输入轴和一个输出轴的行星齿轮组。一个输入轴通过电子转向助力**系统**阀门与下部的转向轴相连。第二个输入轴由电动机通过自锁型蜗杆传动机构作为低速挡驱动。蜗杆传动机构驱动一个蜗轮，该蜗轮会在驾驶员所转到的转向角上累加一个附加转向角。

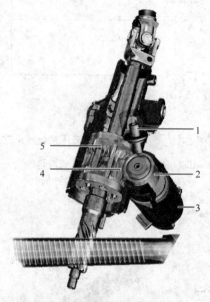

图 6-40　主动转向**系统**执行单元的结构

1—电磁锁；2—蜗杆传动机构；3—电动机；4—蜗轮；5—行星齿轮组。

该单元上安装了一个电磁控制式安全锁，如图 6-41 所示。如果未通电，安全锁在弹簧作用下卡入蜗杆传动机构的锁槽内（蜗杆传动机构的最后一个齿）。电流约 1.8 A 时安全锁松开。

图 6-41　安全锁位置

1—电动机位置传感器；2—电动机；3—安全锁。

【思考与练习题】

一、填空题

1. 普通液压动力转向系统无法解决＿＿＿＿＿＿＿＿＿与发动机转速之间的矛盾，解决此矛盾的办法是采用＿＿＿＿＿＿＿＿＿式转向系统。

2. 电控动力转向系统必须采用＿＿＿传感器，有些电控动力转向系统还采用＿＿＿传感器及＿＿＿＿＿＿＿＿传感器。

3. 电控动力转向系统可分为＿＿＿＿＿式、＿＿＿＿＿＿式、＿＿＿＿＿＿＿式等类型。

4. 电控液压式动力转向系统主要有＿＿＿＿＿＿＿式、＿＿＿＿＿＿＿式和阀灵敏度控制式等类型。

二、判断题

1. 电子控制动力转向系统中常在液压进油油道中安装一个旁通流量控制电磁阀。（　　）

2. 电子控制的液压动力转向系中，旁通流量控制电磁阀是由计算机控制的，计算机会根据车速、转向盘速度等信息，通过该阀控制液压油流量。（　　）

3. 电控电动式齿轮齿条转向系统在发动机熄火时还能提供转向助力。（　　）

三、单选题

1. 电控动力转向系统不需要使用的传感器是（　　）。
   A. 车速传感器　　　　　　　　　B. 轮速传感器
   C. 转向角传感器　　　　　　　　D. 转向轴扭矩传感器

2. 以下哪个不是电控动力转向系统的类型？（　　）
   A. 电控液压式　　　　　　　　　B. 电控电动式
   C. 电控机械式　　　　　　　　　D. 电控电动液压式

3. （　　）可以最好地用于转向助力大小的控制。
   A. 车速　　　　　　　　　　　　B. 胎压
   C. 路面摩擦系数　　　　　　　　D. 转向轴扭矩

4. 对于电控动力转向系统，以下说法错误的是（　　）。
   A. 必要时可以提供转向阻力
   B. 低速时通常应提供较大转向助力
   C. 高速时驾驶员操纵力应小
   D. 驾驶员操纵力应当根据情况变化

5. 对于LS400电控动力转向系统，以下说法错误的是（　　）。
   A. 由电磁阀调节动力缸油压　　　B. 是反力控制式的
   C. 采用车速传感器信号　　　　　D. 采用脉冲线性电磁阀

6. LS400电控动力转向系统电磁阀断路会造成（　　）。
   A. 转向沉重　　　　　　　　　　B. 转向过于轻便
   C. 不能进行转向　　　　　　　　D. 转向助力大小失控，忽大忽小

四、简答题

1. 叙述电控液压动力转向系统的基本组成及工作原理。

2. 电控液压式动力转向系统及电控电动式动力转向系统各由哪些部件组成？比较两者优缺点。

五、分析题

对机械式转向系统、普通液压动力转向系统及电控电动式动力转向系统进行对比分析，说明各自的结构特点、性能特点及典型应用车型。

项目七

车轮定位检测与调整

【项目描述】

一辆福特福克斯三厢 2006 款轿车行驶中始终向一侧跑偏，由此故障引出本学习任务。本项目的主要任务有诊断行驶跑偏故障、检测车轮定位参数和调整车轮定位参数。

【知识目标】

（1）理解车轮定位及其参数的含义、作用。

（2）理解车轮定位的原理。

（3）熟悉车轮定位的软、硬件设备。

【技能目标】

（1）会熟练操作四轮定位仪检测车轮定位参数。

（2）能正确调整福特福克斯轿车的车轮定位参数。

（3）能够标定及保养车轮定位仪的传感器。

（4）能运用本项目所学知识制订其他车型车轮定位的检测与调整计划。

↗ 任务一　车辆准备工作

【任务描述】

一辆福特福克斯三厢 2006 款轿车出现行驶时跑偏故障，且转弯后转向回正不良，需对此故障进行初步诊断，以判断此故障的范围。

【任务分析】

能够引起汽车行驶跑偏的原因有很多，涉及到汽车的转向、悬架、制动、车身等多个系统。本任务通过检查轮胎气压、轮毂轴承松紧度、悬架状况及转向系统状况等项目，以排除这些原因造成行驶跑偏故障。这些工作同时也是车辆做四轮定位检测的前提。

本任务需要的工具、设备：福特福克斯三厢 2006 款轿车、常用工具、胎压表、空气压缩机。

【任务实施】

（1）检查车辆上轮辋和轮胎规格是否相同。 检查胎纹深度是否足够。测量轮胎气压，若不合适则进行充气或放气调整。

（2）检查转向盘自由行程是否符合规定。检查轮毂轴承是否松旷或过度磨损，若存在问题则加以调整或更换。

（3）检查悬架弹簧和减振器是否良好，检查悬架系统是否有其他部件损坏或松旷，检查两侧车身高度是否相同。

（4）检查转向盘是否处于中间位置，转向系统是否有部件损坏或松动。

（5）松开驻车制动器，举升车辆，用手转向车轮，检查车轮转运是否灵活，即是否有制动器分离不彻底。

任务二　检测车轮定位参数

【任务描述】

利用车轮定位仪对福特福克斯三厢 2006 款轿车车轮定位参数进行检测，并对检测到的参数进行分析，判断是否有车轮定位参数需要调整。

【任务分析】

经过任务一的实施，排除了相应系统工作不良引起福特福克斯三厢 2006 款轿车行驶跑偏及转向回正不良故障，将此故障的范围缩小到车轮定位。最常见的需要检测车辆的车轮定位的情况有两种：一是车辆行驶时出现操纵不稳或轮胎异常磨损的现象；二是更换或维修相应底盘部件后，如转向器总成、悬架弹簧、减振器等部件。

本任务需要的工具、设备：福特福克斯三厢 2006 款轿车、车轮定位仪、四柱举升机、常用工具。

【任务实施】

一、检查准备

福特福克斯三厢 2006 款轿车在检查前轮定位前，应先满足以下条件，否则检查结果无效。

（1）汽车停放水平场地或专用检测台上，车轮在直线行驶位置且无负载。

（2）轮胎气压符合规定。

（3）车轮平衡，悬架活动自如。

（4）转向系统调整正确。

（5）前悬架弹簧无过大的间隙和损坏。

（6）后悬架弹簧无过大的间隙和损坏。

二、检测车轮定位参数

1. 车辆停放

检查举升机的水平状态：4 个立柱或举升机底座所在地面的水平高度误差应在 1mm 之内；左右误差小于 1mm，对角线和前后误差小于 2mm。汽车驶上举升机，轮胎必须位于活动盖板和侧滑板的中间，如图 7-1 所示。

图 7-1 车辆停放

2. 安放转角盘

转角盘安放步骤如下。

（1）举起汽车前轴。

（2）取下活动盖板，如图 7-2 所示。

（3）安放转角盘，保证轮胎与转角盘中心位置接触，如图 7-3 所示。

图 7-2 取下活动盖板

图 7-3 安放转角盘

（4）取下转角盘的固定销（图 7-4）和侧滑板的固定销（图 7-5），按压振动前后车身，使前后悬架复位，处于自由状态。然后用制动器锁住汽车。

图 7-4 取下转角盘的固定销

图 7-5 取下侧滑板的固定销

3. 开启计算机

连接计算机电源，开启计算机，如图 7-6 所示。

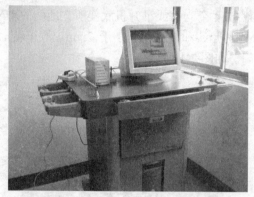

图 7-6　开启计算机

4. 安装夹具

按以下步骤将 4 只车轮定位仪传感器夹具分别安装到车轮上。

（1）使夹具的 4 个夹爪的定位端面紧压在轮辋边缘，要求夹具手柄向上且垂直地面，如图 7-7 所示。

（2）旋紧手轮，锁紧夹具在轮辋上，用手轻晃一下，看夹具是否牢靠，如图 7-8 所示。

（3）为了避免夹具滑落，将夹具用防护橡胶绳固定在辐板上，如图 7-9 所示。

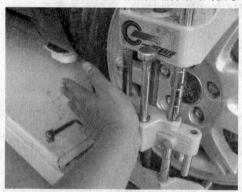

图 7-7　安装夹具

图 7-8　锁紧夹具

图 7-9　用橡胶绳固定夹具

5．安装传感器

（1）选择相应车轮的传感器，传感器安装方位用红点示意，如图 7-10 所示传感器表示应安装在左后轮上。

（2）将传感器上的安装销轴插入夹具安装销孔中，保证销轴端面与销孔端面无间隙接触，如图 7-11、图 7-12 所示。

（3）按下传感器上的电源按钮，打开传感器电源。图 7-13 所示传感器上有一个液晶显示窗口，为传感器的工作电压显示窗口。当电压过低时（低于 6V 时），会导致定位仪无法工作，应及时充电，充电时间为 5h，充好电后 30min 再进行测量，以保证测量稳定。

图 7-10　传感器安装位置标志

图 7-11　传感器装入夹具

图 7-12　安装好的传感器

图 7-13　传感器电量显示

6．打开四轮定位测量软件

（1）双击桌面上的测量软件图标 YC-158RF，如图 7-14 所示。

（2）进入测量软件界面，如图 7-15 所示。

图 7-14　测量软件图标

图 7-15　测量软件界面

（3）选择制造商，如图 7-16 所示。

（4）选择车型，如图 7-17 所示。

图 7-16　选择制造商

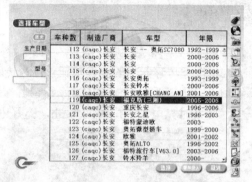

图 7-17　选择车型

（5）核查车辆数据，如图 7-18 所示。这里主要应注意核查钢圈尺寸，因为车辆出厂后有可能经过改装，从而更换了不同于原厂尺寸的钢圈。

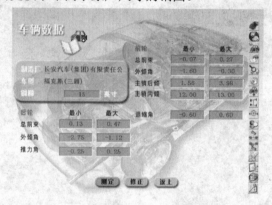

图 7-18　核查车辆数据

7．开始测量

（1）车况检查。在图 7-18 车辆数据界面上单击"测定"，将进入车况检查界面，如图 7-19 所示。这项工作实际上之前已经做过了。

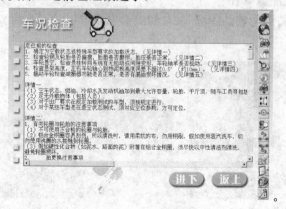

图 7-19　车况检查

（2）偏心补偿。因轮辋变形或传感器没有贴紧轮辋，会导致水平和垂直的偏心误差，偏心补偿是为修正或尽量减少这些误差带来对精度的影响而设计的。偏心补偿前，请将刹车释放，使车轮自由转动。

① 由图7-19界面单击"进下"按钮，进入偏心补偿界面，如图7-20所示。根据软件提示的顺序做偏心补偿，分别是左前轮、左后轮、右前轮、右后轮。

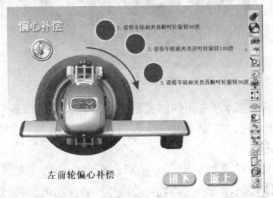

图 7-20　偏心补偿界面

② 做偏心补偿，以右前轮为例。一手托住传感器，另一手顺时针转动车轮90°，如图7-21所示。然后按下M键，红窗变蓝，如图7-22所示。

图 7-21　顺时针转动传感器 90°

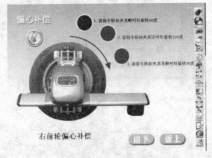

图 7-22　红窗变蓝

接下来逆时针转动车轮180°，如图7-23所示。然后按下M键，红窗变蓝，如图7-24所示。

图 7-23　逆时针转动传感器 180°

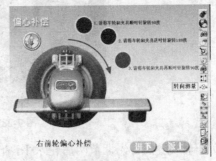

图 7-24　红窗变蓝

再顺时针转动车轮90°，恢复到原来位置，如图7-25所示。然后按下M键，红窗变蓝。

图 7-25　顺时针转动转动传感器 90°

　　其他 3 个车轮偏心补偿的方法相同。需要注意，若车辆是前轮驱动型，则对两只前轮中的任意一只做偏心补偿时，需要另外一个人员扶稳对面的另一只车轮，以防止其跟转。若车辆是后轮驱动型同理。

　　③ 车辆下落，4 只车轮都做完偏心补偿后，**系统**自动进入车辆下落界面，如图 7-26 所示。使用专用工具固定脚刹，如图 7-27 所示。接下来分别用力按压晃动车头、车尾数次，如图 7-28 所示。

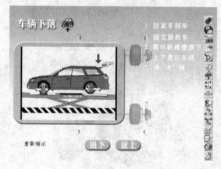

图 7-26　车辆下落

图 7-27　固定脚刹

图 7-28　晃动车头

　　④ 车轴测量，首先调节两后轮水平，把传感器上的气泡调节至两竖线之间，如图 7-29 所示。接下来摆正前轮，用手扶住任一只前轮转动，使图 7-30 界面中的空格变绿即可。最后，调节两后轮水平，方法同前轮水平的调节。

图 7-29　传感器水平仪气泡

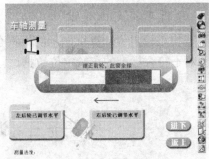

图 7-30　摆正前轮

⑤ 转向测定，用手扶住右前轮，将其向右转 10°（根据转角盘数据确定），如图 7-31 所示，按下传感器 M 键。接下来，向右前轮左转 10°，按下传感器 M 键。最后，将右前轮回转到 0°，按下传感器 M 键。此时，软件界面如图 7-32、图 7-33 所示。

图 7-31　将右前轮向右转 10°

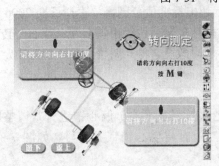

图 7-32　转向测定右转前轮提示

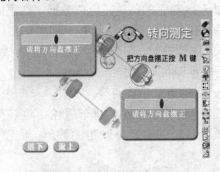

图 7-33　转向测定摆正前轮提示

⑥ 显示测量结果，如图 7-34 所示。

测定结果	左轮	右轮	中心值
前束	-1.81*	1.89*	0.08*
外倾角	-0.60*	-0.24*	-0.36*
主销后倾	2.26*	0.24*	2.03*
主销内倾	7.96*	7.69*	0.27*
包容角	7.36*	7.45*	-0.09*
退缩角			0.70*
前束	-0.36*	0.42*	0.06*
外倾角	-1.00*	-0.22*	-0.78*
推力角			-0.39*
退缩角			0.42*

图 7-34　测量结果

179

三、分析车轮定位参数

（1）查找车轮定位计算机显示的不符合标准的车轮定位数据。

（2）对不符合标准的车轮定位数据进行分析，判断是否可以通过调整改善及如何进行调整。

任务三　调整车轮定位参数

【任务描述】

本任务对不符合规定的车轮定位参数进行调整。

【任务分析】

福特福克斯三厢 2006 款轿车可以调整的车轮定位参数有前轮前束及后轮前束、后轮外倾角。若这几项参数的检测结果不符合规定可以进行调整，若其他参数不符合规定则需要更换相应的零部件或进行车身整形，本任务只训练车轮定位参数的调整。

本任务需要的工具、设备：福特福克斯三厢 2006 款轿车、车轮定位仪、四柱举升机、常用工具。

【任务实施】

福特福克斯三厢 2006 款轿车车轮定位参数的调整方法如下。

1. 前轮定位参数调整

图 7-35 显示的前轮轮定位数据，红色的表示超出标准值范围，福克斯三厢 2006 款轿车前轮定位参数仅可调整前束。调整方法为整体举升车辆后用钣手调节左（或右）转向横拉杆长度。调整时，图 7-35 界面显示前束数据会实时改变，将其调整到适当值时锁定转向横位杆长度即可。

2. 后轮定位参数调整

福克斯三厢 2006 款轿车后轮定位参数可通过旋转左（右）偏心销进行，调整时会同时改变后轮前束及外倾角的数值，调整到适当值时将偏心销锁紧即可，如图 7-36 所示。

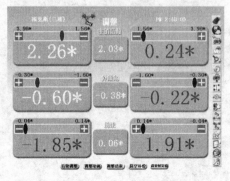

图 7-35　前轮调整界面

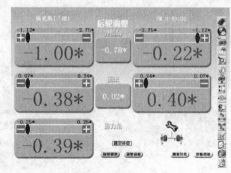

图 7-36　后轮调整界面

【相关知识】

一、汽车跑偏的类型

跑偏是汽车较常见的故障，按跑偏发生的时机可分为行驶跑偏和制动跑偏两大类。行驶跑偏指车辆正常行驶过程中车辆自动偏离正常行驶方向的现象；制动跑偏指仅在制动过程中车辆偏离正常行驶方向的现象。制动跑偏主要是由于制动系统故障引起的。可引发行驶跑偏的因素则有许多。

行驶跑偏按其表现形式可分为偶发性跑偏、固定跑偏；按跑偏方向又可分为定向跑偏及不定向跑偏。

二、行驶跑偏故障诊断与排除

1. 两侧轮胎气压不相等

（1）**故障诊断**：用胎压表对两侧轮胎气压进行检测，看车轮气压是否在标准值范围内。

（2）**故障排除**：调整两侧轮胎气压直到达到标准值。

2. 轮胎磨损不一致

（1）**故障诊断**：目测轮胎花纹，轮胎内外边缘磨损情况，若有较大差别则应更换轮胎。

（2）**故障排除**：更换轮胎。

3. 一侧轮毂轴承紧度过大

（1）**故障诊断**：将汽车用千斤顶顶起，转动车轮，车轮转动自如，可以断定轮毂轴承正常。

（2）故障排除：调整轮毂轴承松紧度。

4. 前轮一侧制动器拖滞

（1）故障诊断：观察制动盘上是否有裂纹或凹凸不平。测量端面跳动量是否应超过0.06mm。测量厚度是否为20mm。

（2）故障排除：磨损严重应更换制动盘。跳动超过标准或有凹凸不平可进行磨削加工，但加工后的厚度不应低于17.8mm。

5. 一侧减振器失效

（1）**故障诊断**。

① 用力按下车头（或车尾），然后松开，如果汽车有 2 次～3 次跳跃，则说明减振器工作良好。

② 使汽车在道路条件较差的路面上行驶 10km 后停车，用手摸减振器外壳，如果不发烫，说明减振器内部无阻力，减振器工作不良。

（2）**故障排除**：更换减振器。

6. 一侧前轮定位不准确

（1）**故障诊断**：对车轮进行检测。

（2）**故障排除**：对车轮进行调整。

三、车轮定位基础知识

1. 车轮定位概念

车轮定位是指以后轮平均的推进方向为定位基准来测量及校正四轮相关的定位角度，

使车辆在行驶时车轮、悬架系统元件及转向系统元件与车架（车身）的安装保持一定的相对位置关系。

车轮定位能够保证车辆行驶的稳定性及安全性，改善驾驶员对车辆的操控性，降低油耗，延长轮胎及底盘相关零件的使用寿命。

2．车轮定位基本术语

1）车辆中心对称面

车辆中心对称面是汽车几何中心平面，它垂直于行驶平面并通过前后轴的轮距中点，如图7-37所示。它是计算前、后轮前束和估算前、后轮前束总量值的参照线。车辆中心对称面在车轮定位仪的调整前检测中，第一次打正转向盘时测出。

2）车辆的几何轴线

车辆的几何轴线又称为推力线，是后轴总前束的角平分线，如图7-38所示。车辆的几何轴线由后轴前束决定，它是车辆行驶时的推力线，也是前轴前束的测量基准。

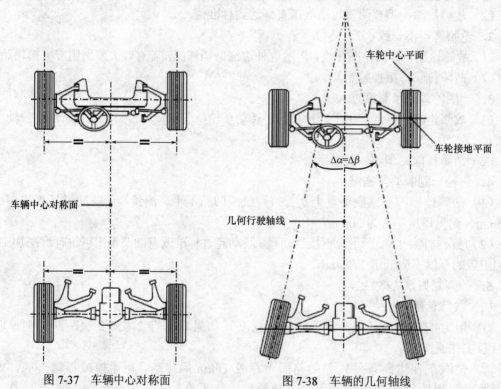

图 7-37　车辆中心对称面　　　　　图 7-38　车辆的几何轴线

3）车辆的驱动偏角

车辆的驱动偏角是车辆中心对称面与车辆的几何轴线所形成的夹角，如图7-39所示。它是由后轴的前束、横向偏移和斜向偏位产生的，当转向盘处于回正的状态时，汽车按照几何轴线的方向行驶。

4）车轮前束

前轮单独前束指左（右）前轮中心线与车辆几何轴线的夹角，如图7-40所示。其中，车轮中心线指轮胎上对车轮轴垂直的中心线。

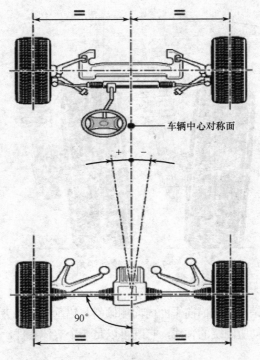

图 7-39 车辆的驱动偏角

后轮单独前束指左（右）后轮中心线与车辆中心线的夹角，如图 7-41 所示。

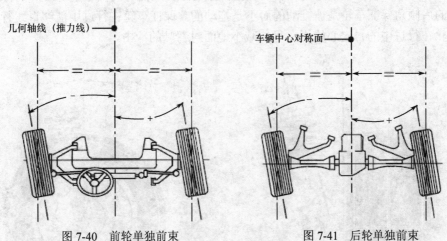

图 7-40 前轮单独前束   图 7-41 后轮单独前束

总前束是前（后）轴上的左右两个车轮的前束角之和。

正确的前束角与车轮外倾角配合能够减少车辆行驶时对轮胎的磨损。它补偿了由于车轮外倾角使地面对轮胎产生的侧向力，使驾驶稳定。

5）车轮外倾角

车轮外倾角是车轮中心平面与垂直面间的夹角，如图 7-42 所示。车轮外倾角与主销内倾角构成主销偏距，适当的主销偏距使车辆易于驾驶，既可以减小路面的冲击，又可以使转向盘有很好的回正能力。

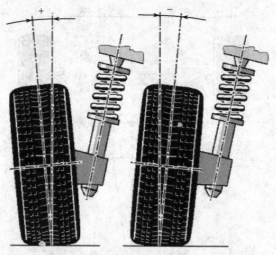

图 7-42　车轮外倾角

6）主销内倾角

主销内倾角是指主销在汽车横向平面内向侧倾斜与铅垂线间的夹角，如图 7-43 所示。其中，主销指车轮横向摆动所围绕的轴线，它既可以是一个实体零件，也可以是一条虚拟的线。

7）主销后倾角

主销后倾角是指主销上端在汽车纵向平面内向后倾斜与铅垂线间的夹角，如图 7-44 所示。主销后倾角使得车辆转向时自动产生回正力矩，从而可提高车辆行驶时的方向稳定性。正的后倾角保证车轮是被推动的而不是拖动的。保证车轮在行进中能够直线行驶，提高了车轮在行进中的自定心能力，尽量减小地面对驾驶的冲击。

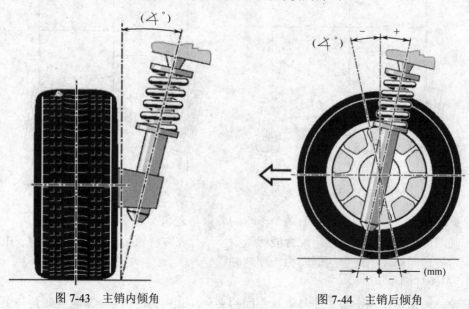

图 7-43　主销内倾角　　　　　　　　　图 7-44　主销后倾角

8）车轮转向偏差角

车轮转向偏角差是指转向时弯道内侧车轮与弯道外侧车轮之间的角度差，如图 7-45

所示。转向系被设计成两个车轮的角度差随转向角的增大而改变。车轮转向偏角差是在弯道内侧车轮的转向角为 20°时测量的。在此测量过程中考虑了前束的影响。

9）最大总转角

最大总转角是分别向左右最大转向时，内侧车轮和外侧车轮中心线与车辆中心线的夹角，如图 7-46 所示。

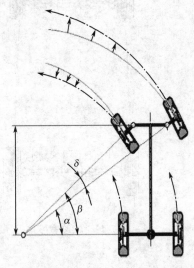
图 7-45　车轮转向偏角差

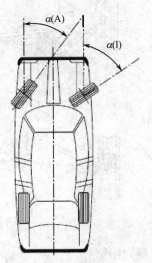
图 7-46　最大总转角

10）轮轴偏移

轮轴偏移是指两个前轮（或后轮）与地接触点的连线，与几何轴线的垂线间的夹角，如图 7-47 所示。当右轮在左轮前方时此角度值为正，在左轮后方时此角度为负。

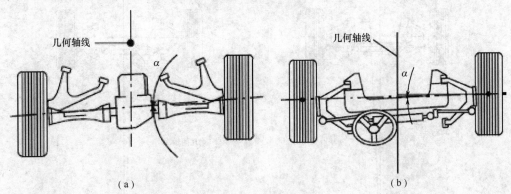

（a）　　　　　　　　　　　　　　　　　（b）

图 7-47　轮轴偏移

（a）后轴偏移；（b）前轴偏移。

11）轴距偏差

轴距偏差是两个前轮之间的连线与两个后轮间的连线所形成的夹角，如图 7-48 所示。当右侧轮距大于左侧轮距时，此角度为正，反之为负。0°代表平行。

12）轮迹宽度偏差

轮迹宽度偏差是指左前轮和左后轮与地面接触点之间的连线同右前轮和右后轮与地

面接触点之间连线的夹角，如图 7-49 所示。当后轴宽度超过前轮宽度时，此角度为正。

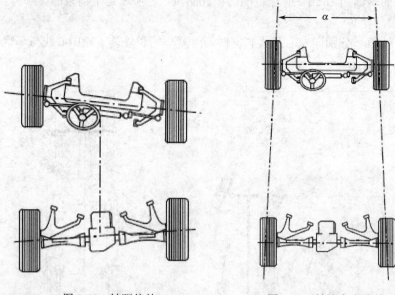

图 7-48　轴距偏差　　　　　　　　图 7-49　轮迹宽度偏差

13）横向偏位

横向偏位是指左侧或右侧前轮和后轮与地接触点连线与几何轴线间夹角，如图 7-50 所示。如果后轮超出前轮，此角度为正。理想状态是左、右横向偏位应该相等。

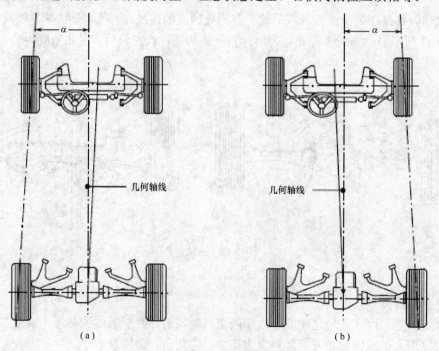

图 7-50　横向偏位

（a）左侧横向偏位；（b）右侧横向偏位。

14）轴偏位

轴偏位是轨迹宽度偏差角的平分线与几何中心线的夹角，如图7-51所示。如果后轴偏移到右侧，该角为正。

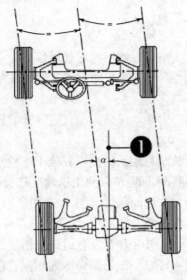

图 7-51　轴偏位

四、主要车轮定位参数含义与功用

为了保证汽车直线行驶的稳定性和操纵的轻便性，减少轮胎和其他机件的磨损，转向轮、转向节和前轴三者与车架的安装应保持一定的相对位置关系，这种安装位置关系称为转向车轮定位，也称前轮定位。

对于装有实体主销的转向桥，汽车转向时，转向车轮会围绕主销轴线偏转，如图7-52（a）所示。现在，独立悬架的汽车已经没有实体主销了。但在车轮定位中，仍然沿用主销这个名词，把它作为转向轮的转向轴线的代名词，转向轮在转向时是以主销为轴线向左右偏转的。对于双叉型独立悬架来说，采用上、下球头销代替主销，上、下球头销球头中心

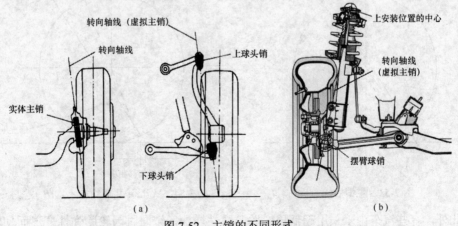

（a）　　　　　　　　　　　　　　　　　（b）

图 7-52　主销的不同形式

（a）实体主销；（b）转向轴线（虚拟主销）。

187

的连心线相当于主销轴线，称为虚拟主销，如图 7-52（b）所示。对于麦弗逊悬架来说，主销就是减振器上安装位置的中心与摆臂球销的连线，通常主销与减振器中心是存在角度的。

转向轮定位包括前轮外倾、主销后倾、主销内倾及前束 4 个参数。现以有主销的转向桥为例说明转向车轮定位。

1. 主销后倾

主销安装在前轴上，其上端略向后倾斜，这种现象称为主销后倾。在垂直于汽车支承平面的纵向平面内，主销轴线与汽车支承平面垂线之间的夹角 γ 叫主销后倾角，如图 7-53 所示。

主销后倾的作用是形成回正力矩，保证汽车直线行驶的稳定性，并使汽车转向后回正操纵轻便。

主销后倾使主销轴线的延长线与地面的交点 a 位于车轮与路面的接触点 b 之前，a、b 两点之间的距离称为主销后倾移距。设 b 点到主销轴线延长线之间的距离为 l，汽车直线行驶时，若转向轮偶然受到外力作用而偏转（图 7-53 中所示为向右偏转），汽车将偏离行驶方向而右转弯。由于汽车本身离心力的作用，在轮胎与路面接触点 b 处将产生一个路面对车轮的侧向反作用力 F，由于反作用力 F 没有通过主销轴线，因而形成了一个使车轮绕主销轴线旋转的力矩 F_l，其方向正好与车轮偏转方向相反。在力矩作用下，使车轮具有回复到原来中间位置的作用，从而保证了汽车直线行驶的稳定性。同理，在汽车转向后的回正过程中，此力矩具有帮助驾驶员使转向车轮回正的作用，使汽车转向后回正操纵轻便。

主销后倾角越大、车速越高，回正力矩越大，转向轮偏转后自动回正的能力也越强。但主销后倾角也不宜过大，一般不超过 2°～3°，否则在转向时为了克服此力矩，驾驶员需在转向盘上施加较大的力，使转向沉重。为了解决这个问题，现代轿车常采用 Vorlauf 几何结构，可使主销轴线偏移至车轮中心之后，如图 7-54 所示，从而可以在不增加后倾移距的情况下，增大后倾角，以提高汽车直线行驶的稳定性。这样，可将主销后倾角增大。

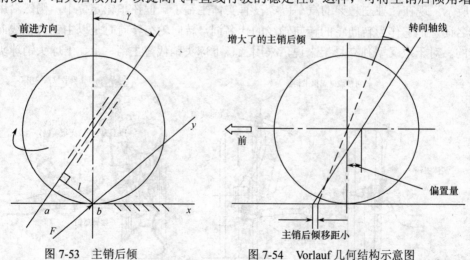

图 7-53　主销后倾　　　　　　　图 7-54　Vorlauf 几何结构示意图

此外，有些汽车由于采用超低压轮胎，弹性增加，转向时因轮胎弹性变形而使轮胎与路面的接触点后移，使回正力矩增加，故主销后倾角可以减小，甚至为负值(即主销前倾)。

主销后倾角一般是将前轴连同悬架安装在车架上时，使前轴向后倾斜而形成的。

2．主销内倾

主销安装在前轴上，其上端略向内侧倾斜，这种现象称为主销内倾。在垂直于汽车支承平面的横向平面内，主销轴线与汽车支承平面垂线之间的夹角 β 称为主销内倾角，如图 7-55 所示。

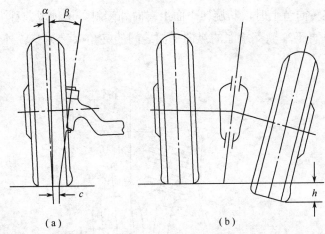

图 7-55　主销内倾

（a）主销内倾角；（b）车轮偏转 180°。

主销内倾的作用是使转向轮自动回正，并使转向操纵轻便。

主销内倾具有使转向轮转向操纵轻便的作用，如图 7-55（a）所示。由于主销内倾，使主销轴线的延长线与地面的交点至车轮中心平面与地面交点之间的距离 c 缩短（在有些维修资料中将距离 c 称为偏置或磨胎半径），转向时，路面作用在转向轮上的阻力对主销轴线产生的力矩减小，从而可减少转向时驾驶员施加在转向盘上的力，使转向操纵轻便。同时还可以减小因路面不平而从转向轮传到转向盘上的冲击力。

主销内倾具有使转向轮自动回正的作用，如图 7-55(b)所示。当转向轮在外力作用下绕主销旋转(为了解释方便，假设旋转 180°，即由图 7-55（b）中左边位置转到右边位置)而偏离中间位置时，由于主销内倾，车轮的最低点将陷入路面以下 h 处，即车轮必须将路面压低距离 h 后才能旋转过来，但实际上路面不可能被压低，车轮下边缘不可能陷入路面之下，而是车轮连同整个汽车前部被向上抬起相应高度 h。一旦外力消失，转向轮就会在汽车前部重力作用下力图自动回正到旋转前的中间位置。主销内倾角越大、转向轮偏转角越大，汽车前部就抬起得越高，转向轮自动回正的作用就越大。

主销内倾角既不宜过大，也不宜太小。主销内倾角过大（偏置 c 减小），转向时，车轮在滚动的同时将与路面产生较大的滑动，增加轮胎与路面的摩擦力，这不仅使转向沉重，而且加速了轮胎的磨损，故主销内倾角一般不大于 8°，偏置一般为 40mm～60mm；主销内倾角过小(偏置增大)，汽车行驶的稳定性和制动稳定性将变差。在一些发动机前置前轮驱动的轿车上，为了使汽车具有良好的行驶稳定性，特别是制动稳定性，其主销内倾角均较大。

整体式转向桥的主销内倾角是在制造前轴时将销孔轴线上端向内倾斜而获得的。

主销后倾和主销内倾都具有使车轮自动回正及保证汽车直线行驶稳定性的作用，但其区别在于：主销后倾角的回正作用随着车速的增高而增大，而主销内倾的回正作用几乎与车速无关。

3．车轮外倾

转向轮安装在转向节上时，其旋转平面上端向外倾斜，这种现象称为转向车轮外倾。车轮旋转平面与垂直于车辆支承面的纵向平面之间的夹角 α 称为车轮外倾角，如图 7-56 所示。

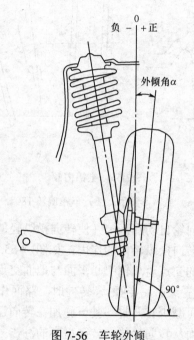

图 7-56　车轮外倾

车轮外倾角的作用是提高车轮工作的安全性和转向操纵的轻便性。由于主销与衬套之间、轮毂与轴承等处都存在着装配间隙，若空车时车轮的安装正好垂直于路面，则满载时上述间隙将发生变化，车桥也因承载而变形，从而引起车轮向内倾斜。车轮内倾将使路面对车轮的垂直反作用力的轴向分力压向轮毂外端的小轴承，使该轴承及其锁紧螺母等件承受的载荷增大，降低了它们的使用寿命，严重时会损坏锁紧螺母而使车轮脱落。为此，安装车轮时预先留有一定的外倾角，以防止上述不良影响。车轮外倾与主销内倾相配合可进一步缩短偏置距离，使汽车转向轻便。此外，车轮有一定的外倾角也可以与拱形路面相适应。但车轮外倾角不宜过大，否则会使轮胎产生偏磨损。一般前轮外倾角为 1°左右。

有的汽车其前轮外倾角为负值，这样在汽车转向时可避免车身过分倾斜。

4．车轮前束

车轮安装在车桥上，两前车轮的中心平面不平行，其前端略向内侧收束，这种现象称为前轮前束。两前轮后端距离 A 大于前端距离 B，其差值 $A-B$ 称为前轮前束值，一般前束值为 0～12mm，如图 7-57 所示。独立悬架车辆的前束采用角度表示。

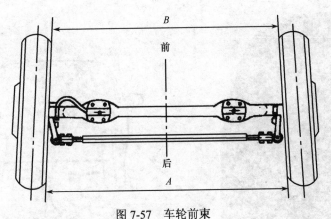

图 7-57　车轮前束

前轮前束的作用是消除因车轮外倾所造成的不良后果，保证车轮不向外滚动，防止车轮侧滑和减轻轮胎的磨损。

由于车轮外倾，汽车行驶时，两个车轮的滚动类似于两个锥体的滚动，其轨迹不再是直线而是逐渐向各自的外侧滚开，如图 7-58 所示。但因受车桥和转向横拉杆的约束，两侧车轮不可能向外滚开，这样，车轮在路面上滚动行驶的同时又被强制地拉向**内**侧，产生向**内**的侧滑，从而加剧轮胎的磨损。有了前**束**，车轮滚动的轨迹是向**内**侧偏斜，只要前束值与车轮外倾角配合适当，车轮向内、外侧滚动的偏斜量就会相互抵消，使车轮每一瞬间的滚动方向都朝着正前方，从而消除了侧滑，减轻了轮胎的磨损。

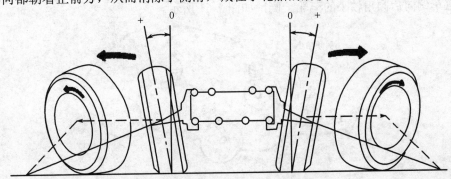

图 7-58　车轮外倾产生的车轮运动示意图

五、车轮定位异常和现象

1. 车轮外倾异常

1）轮胎异常磨损（单侧磨损）

以轮胎耗损的观点而言，外倾角最好是 0°，但是实际上一般车辆皆有少许的外倾角。当正外倾角太大时，则会使轮胎外侧偏磨；如果负外倾角太大时，将会造成轮胎**内**侧偏磨，如图 7-59 所示。

2）跑偏

如果左、右两车轮的外倾角有差异时，外倾角较大的车轮会产生较大的外倾角推力。因此，如果是正外倾，车辆会向外倾角较大的一侧车轮跑偏；若是负外倾，车辆会向外倾角较小的一侧车轮跑偏，如图 7-60 所示。

图 7-59　轮胎单侧磨损

图 7-60　负外倾不等造成跑偏

2．主销后倾异常

1）行驶稳定性下降

后倾角太小时，转向复位能力变差，使行驶稳定性不足，而造成车辆行驶不稳定。后倾角太大虽然可增加车辆直线行驶的稳定性，但同时也会转向能力降低，操控性下降。

2）跑偏

如果左、右车轮的后倾角不同时，后倾角较大的车轮会有较高的直线行驶稳定性，而使得汽车偏向后倾角较小的车轮一侧，如图 7-61 所示。

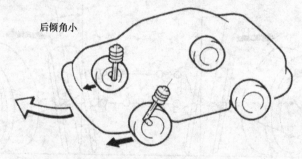

后倾角小

后倾角大

图 7-61　主销后倾不等造成跑偏

3．主销内倾异常

如果左、右车轮的主销内倾角度不同时，将会使左、右车轮对转向轴产生的惯性扭矩有所差异，而造成行驶跑偏，如图 7-62 所示。

4．车轮前束异常

1）异常磨损

如果前轮的正前束或负前束太大，会使轮胎外侧或内侧产生"羽毛状"的异常磨损，胎面显得极为粗糙不平，如图 7-63 所示。

图 7-62　主销内倾不等造成跑偏

图 7-63　轮胎"羽毛状"磨损

2）跑偏

如果前轮左、右车轮的单独前束不等时，车辆的直线行驶性变差，容易跑偏。如果是正前束，车辆会向前束较小的一侧跑偏；如果是负前束，车辆则会向前束较大的一侧跑偏。

六、常见四轮定位调整方法

众多车轮定位参数中，前轮前束一般都是可以调整的，其他参数有的车型规定不可调整，有的车型则规定可以调整。车轮定位调整一般应遵循一定的顺序：先调整后轴两轮（后轮外倾→后轮前束），再调整前轴两轮（主销后倾→主销内倾→前轮外倾→前轮前束）。

1. 前轮前束调整

前轮前束的调整一般可以通过改变转向横拉杆的长度来进行。但车型不同时其调整的位置和方法会有所差异。转向横拉杆有设计成一根的也有两根的。对于两根转向横拉杆的，要注意调整好后，每只前轮的前束大小应等于前束规定值的1/2。前束调整好后，必须对转向盘进行对中检查并调整。

2. 车轮外倾调整

车型不同外倾角的调整方法也不同，主要调整方法有如下几种。

1）车架和控制臂之间加减垫片

垫片的增加或减少使控制臂向外或向内移动，从而使车轮的顶端向外或向内移动，车轮外倾角会相应的增加或减小，如图 7-64 所示。如果只调整外倾角角度，加减于前后调整螺栓的垫片必须相等。

2）大梁槽孔的调整

控制臂的安装是用螺纹孔时，可用上悬臂的长方形螺纹孔进行调整。只要前后两个螺纹孔位置相对移动的刻度相同，就可以调整车轮外倾角，如图 7-65 所示。

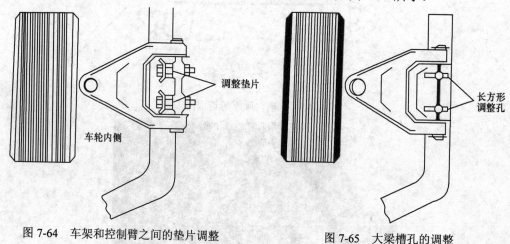

图 7-64　车架和控制臂之间的垫片调整　　　　图 7-65　大梁槽孔的调整

3）偏心凸轮的调整

偏心凸轮螺栓装在控制臂上，要调整车轮外倾角角度则朝相同的方向转动凸轮螺栓且调整范围要相等，如图 7-66 所示。

4）偏心球头的调整

控制臂的设计是不对等的，一边是调整主销后倾角，一边是调整车轮外倾角，如图 7-67 所示。

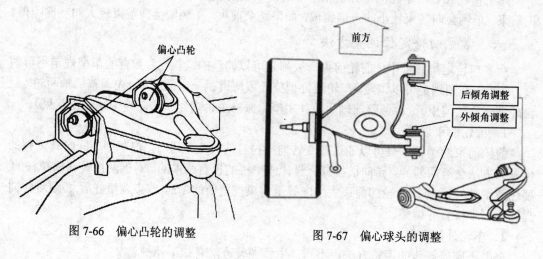

图 7-66　偏心凸轮的调整　　　　图 7-67　偏心球头的调整

5）减振器上支柱的调整

在减振器支柱上方所使用的座是由橡胶及铁组成的，称为支柱上座。支柱上座与车架（承载式车身）相连，将减振器上支柱向内或向外移动可改变外倾角的大小，如图 7-68 所示。

6）改变转向节与横摆臂外端的位置

松开转向节球头销与横摆臂的连接螺栓，左右横向移动球头销及转向节，可以改变车轮外倾角，如图 7-69 所示。

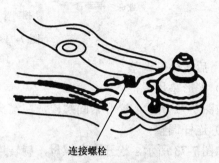

连接螺栓

图 7-68　减振器上支柱的调整　　　图 7-69　改变转向节与横摆臂外端的位置

7）改变转向节上端的位置

如图 7-70 所示，由减振器和螺旋弹簧组成的弹性支柱下端通过上、下两个螺栓与转向节上端固定，其中上螺栓经偏心凸轮将两者连接在一起。转动上螺栓可使偏心凸轮转动，从而带动转向节上端左右横向移动，进而改变车轮外倾角。

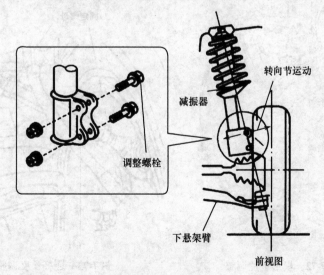

转向节运动

减振器

调整螺栓

下悬架臂

前视图

图 7-70　麦弗逊式独立悬架前轮定位调整

3．主销后倾调整

很多汽车利用垫片来调整主销后倾角，可以在车架内侧和控制臂销轴之间放置调整垫片。调整主销后倾角和车轮外倾角时都需要同时拧松垫片螺栓。通过在图 7-71 销轴上（A

处或 B 处）增、减垫片就可以调整主销后倾角，然后，在前、后螺栓同时增加或减少等量的垫片来调整车轮外倾角，这样就不会影响调整好的主销后倾角。

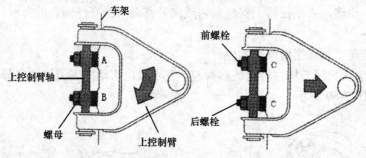

图 7-71　垫片调整

4．后轮外倾调整

1）楔形垫片调整

如图 7-72 所示，松开紧固螺栓，在箭头所指处插入楔形垫片来调整外倾角。

2）连杆调整

如图 7-73 所示，松开固定螺母，旋转连杆调整外倾角。

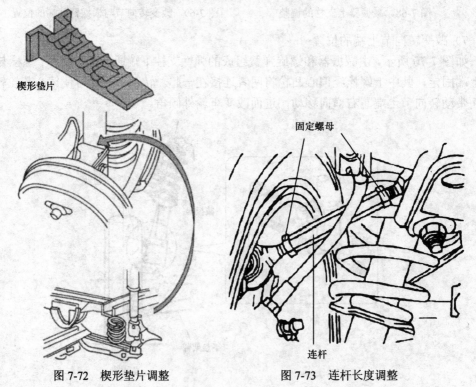

图 7-72　楔形垫片调整　　　　图 7-73　连杆长度调整

3）偏心螺栓调整

如图 7-74 所示，旋转偏心螺栓调整后轮外倾。

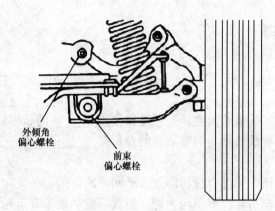

图 7-74　偏心螺栓调整

5. 后轮前束调整

1）改变控制臂与车架相对位置

如图 7-75 所示，松开固定螺栓，移动控制臂，改变其与车架的相对位置来调整前束。

2）偏心螺栓调整

如图 7-76 所示，旋转偏心螺栓调整后轮前束。

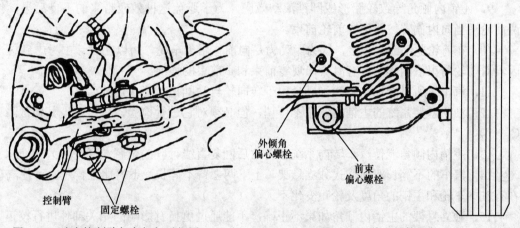

图 7-75　改变控制臂与车架相对位置　　　　　　　　图 7-76　偏心螺栓调整

3）连杆调整

如图 7-77 所示，松开固定螺母，旋转连杆调整后轮前束。

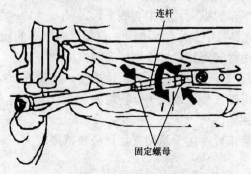

图 7-77　连杆调整

【思考与练习题】

一、填空题

1. 转向轮、_____和_____三者与车架的安装位置关系称为转向轮定位。基本转向轮定位参数有_____、_____、_____和_____。

2. 前轮（转向轮）前束的调整，是通过调整_____的长度来实现的。

3. 进行车轮定位参数检测与调整需要的设备有_____和_____。

二、判断题

1. 主销后倾和主销内倾都有使转向盘自动回正的作用。（　　）

2. 前置前驱动轿车后轮没有车轮内倾，后置后驱动轿车有车轮内倾。（　　）

3. 非独立悬架中，车轮外倾角与主销内倾角一般是不可调的。（　　）

4. 车轮定位参数不符合厂家的规定时，可能造成轮胎过度磨损。（　　）

5. 主销后倾角度变大，转向操纵力增加。（　　）

6. 定期进行车轮换位有利于延长车轮使用寿命。（　　）

7. 车轮定位不准是汽车行驶跑偏的重要原因之一。（　　）

8. 在车轮定位作业中，最后调整主销后倾角。（　　）

9. 主销内倾角导致轮胎形成圆锥滚动效应，为了避免这种效应带来的不良后果，将两前轮适当向内偏转，即形成前轮前束。（　　）

10. 在前轮驱动的汽车上，因为驱动力是向前作用于车轮，所以在设计中考虑到这一因素对前轮前束值的影响，有时会出现零前束和负前束的情况。（　　）

11. 汽车之所以能稳定直线行驶是由于转向轮自动回正功能决定的。（　　）

12. 独立悬架系统的主销内倾角不可调，但必须对它进行检验，以便发现其他故障。（　　）

13. 主销内倾角能使汽车转向系统在转向后回复直线行驶的位置。（　　）

14. 汽车的不等长双横臂式独立悬架，上下两摆臂不等长，下臂比上臂短。可使汽车在行驶中车轮和主销的角度及轮距变化不大。（　　）

15. 独立悬架的主销内倾角如果不正确，不能通过更换有影响的相关部件进行校正。（　　）

16. 车轮定位的目的之一是保证汽车直线行驶。（　　）

17. 行驶中，汽车的纵向几何中心线应和道路的延伸方向平行。（　　）

18. 后轮轮胎应和汽车的纵向几何中心线平行。（　　）

19. 汽车转向轮定位参数中的主销后倾角，直接影响汽车的操纵稳定性，若倾角过大，汽车将因转向过于灵敏而行驶不稳，过小则转向沉重。（　　）

20. 汽车行驶跑偏是汽车两边轴距不等所造成的一种情况。（　　）

21. 车轮外倾角不正确，会导致汽车行驶跑偏。一般情况是，向前轮倾角大的一侧或是向后轮倾角小的一侧跑偏。（　　）

22. 对于麦弗逊悬架来说，由于悬架支撑点分布范围较大，驾驶室前端车身的变形，对前轮定位没有影响。（　　）

23. 车轮前束为两侧轮胎上缘间的距离与下缘间的距离之差。（　　）

24．独立悬架系统，车轮外倾角一般设计为不可调整。（　　）

25．转向节球头销、控制臂衬套及车轮轴承的磨损或松动对主销后倾角没有影响。（　　）

26．改变横拉杆球销两端之间的有效距离，可以间接地对主销内倾角、车轮外倾角进行调整。（　　）

27．车轮外倾角的改变会影响到主销后倾角的大小。（　　）

28．采用主动式悬架后，汽车对侧倾、俯仰、横摆跳动和车身的控制都能更加迅速、精确，汽车高速行驶和转弯的稳定性提高，车身侧倾减少。（　　）

三、单选题

1．某汽车在前轮偏转时车身前部高度上升，便可据此判断该车的主销内倾角为（　　）。

    A．大于0。   B．小于0。

    C．0。   D．大于0。或小于0。

2．现代轿车在低速行驶时，主要是由于（　　）的作用使车轮在转向后自动回正。

    A．主销内倾   B．车轮外倾

    C．主销后倾   D．前束

3．（　　）会使汽车行驶时向右跑偏。

    A．右前轮气压较高   B．右前轮的主销后倾角过大

    C．左侧轴距较小   D．右前轮车轮外倾角过大

4．以下哪项作业与检测车轮定位无关？（　　）

    A．测量轮胎气压

    B．使用举升机在车身两侧边梁处将汽车水平地托起

    C．检测车轮轴承间隙

    D．检测轴距

5．汽车在高速行驶时，主要是（　　）使前轮自动回正。

    A．主销内倾   B．车轮外顿

    C．主销后倾   D．前束

6．对于汽车的车轮定位，以下正确的说法是（　　）。

    A．在调整车轮外倾角时，前束调整拉杆应当拆下

    B．右前轮的车轮外倾为负值时，汽车行驶时会向右跑偏

    C．车轮外倾角增大时，前束值应适当减小

    D．车轮外倾角过大，轮胎外侧胎面会产生异常磨损

7．前束值应当在（　　）调整。

    A．前轮外倾角调整之前   B．主销后倾角调整之前

    C．以上都正确   D．以上都不正确

8．在汽车纵向垂直平面内，转向节主销中心线（　　）偏离垂线而向后有一个倾斜角，称为主销后倾角。

    A．左端   B．右端

    C．上端   D．下端

9. 主销内倾角的主要作用为( )。

    A. 使汽车转向轻便

    B. 稳定力矩，保证直线行驶的稳定性

    C. 减轻和消除引起轮胎侧滑的不良后果

    D. 适应载荷变化避免引起轮胎异常磨损

10. 主销后倾角的主要作用为( )。

    A. 使汽车转向轻便

    B. 稳定力矩，保证直线行驶的稳定性

    C. 减轻和消除会引起轮胎侧滑的不良后果

    D. 适应载荷变化与拱形路面，避免引起轮胎异常磨损

11. 前轮前束的主要作用为( )。

    A. 使汽车转向轻便

    B. 稳定力矩，保证直线行驶的稳定性

    C. 减轻和消除前轮外倾角导致的不良后果

    D. 适应载荷变化与拱形路面，避免引起轮胎异常磨损

12. 前轮外倾角的主要作用为( )。

    A. 使汽车转向轻便

    B. 稳定力矩，保证直线行驶的稳定性

    C. 减轻和消除引起轮胎侧滑的不良后果

    D. 适应载荷变化与拱形

13. 四轮定位的目标，是使车辆在转向盘处于中间位置时可直线行驶，各车轮轴线必须相互平行，并与公共中心线( )。

    A. 平行   B. 垂直

    C. 斜交   D. 不相交

14. 四轮定位的调整过程，按以下内容，一般调整顺序依次是( )。

    I—后轮前束；II—前轮前束；III—后轮外倾角；IV—前轮主销后倾角／车轮外倾角。

    A. I—II—III—IV   B. III—I—IV—II

    C. IV—II—III—I   D. III—IV—I—II

15. 汽车行驶时向左跑偏，可能是由( )原因引起。

    A. 右前制动器拖滞   B. 左前车轮前束太小

    C. 左前车轮主销后倾角太小   D. 右前车轮主销后倾角小

16. 如果悬架控制臂的上球头节装置在下球头节后面，下列选项中，( )正确描述了车轮定位情况。

    A. 主销后倾角为负   B. 主销后倾角为正

    C. 车轮外倾角为负   D. 车轮外倾角为正

四、简答题

1. 何谓车轮定位？为何要进行车轮定位？

2. 车轮定位参数有哪些？各有何功用？

3．简述进行车轮定位前需对车辆做哪些准备工作。

4．说明前束如何进行调整及调整时有哪些注意事项。

五、分析题

1．请分析一辆轿车在哪些情况下必须做车轮定位的检测调整，并说明原因。

2．一辆轿车经车轮定位检测发现其后轮外倾角及后轮前束均严重超标，影响到车辆的正常运行，但此车后轮处并无转向横拉杆，也没有设置专门调整后轮外倾角的机构，请分析此车的问题及解决方案。

参考文献

[1] 全国汽车维修专项技能认证技术支持中心编写组. 悬架和转向系统 [M]. 北京：教育科学出版社，2004.

[2] 上海上汽大众汽车销售有限公司售后服务部. 上海桑塔纳 2000GPII 轿车维修手册. 2002.

[3] 刘付金文. 汽车悬架与转向系统维修工作页 [M]. 北京：人民交通出版社，2008.

[4] 金加龙. 汽车底盘构造与维修 [M]. 北京：电子工业出版社，2008.

[5] 屠卫星. 汽车底盘构造与维修 [M]. 北京：人民交通出版社，2001.

目　　录

学习工作单 1

课程：_____ 姓名：_____ 班级：_____ 日期：_____

	项目一　车轮与轮胎检修	车　　型：_____ 总成型号：_____

一、学习准备

1. 车轮有哪些功能？由哪些部分组成？

2. 说明 195/65 R 15 91 T 的含义。

3. 写出 10 个常见的轮胎品牌。

二、计划与实施

1. 哪些原因会造成转向盘颤动故障？

2. 转向盘颤动会造成轮胎的哪些异常？

3. 叙述做车轮动平衡的步骤及完成情况，最后将测量数据填入下表中。

轮胎型号						
参数设置	$a=$		$b=$		$c=$	
调整次数	平衡前数据		安装平衡块质量/g		平衡后数据	
	内侧	外侧	内侧	外侧	内侧	外侧
1						
2						

三、自我评价

序号	评价项目	评价情况
1	规范使用扒胎机情况	
2	正确使用动平衡机情况	
3	保持工作环境整洁情况	
4	工作单填写情况	

学习工作单2

课程：＿＿＿＿＿＿ 姓名：＿＿＿＿ 班级：＿＿＿＿ 日期：＿＿＿＿

项目二　普通悬架系统检修	车　　型：＿＿＿＿＿＿＿ 总成型号：＿＿＿＿＿＿＿

一、学习准备

1．填写弹性元件的优缺点及应用车型表。

弹性元件名称	优点	缺点	应用车辆举例
螺旋弹簧			
钢板弹簧			
扭杆弹簧			
空气弹簧			

2．画出双作用筒式减振器简图，叙述其工作原理。

3．填写非独立悬架与独立悬架对比表。

悬架名称	优点	缺点	典型应用车型
非独立悬架 简图：			
独立悬架 简图：			

二、计划与实施

1．哪些原因会造成汽车颠簸严重故障？

2．制订桑塔纳 2000 轿车前悬架检修计划。

3. 填写桑塔纳 2000 轿车悬架检修表。

检查部件和位置	检查结果	维修意见
稳定杆铰接头		
稳定杆固定衬套		
前悬架减振器		
前悬架减振器缓冲块		
前悬架减振器防尘罩		
前悬架减振器弹簧橡胶垫		
前悬架螺旋弹簧		
悬架臂铰接处		
悬架臂球头		
后悬架减振器缓冲块		
后悬架减振器		
后悬架减振器防尘罩		
后悬架螺旋弹簧		

三、自我评价

序号	评价项目	评价情况
1	规范使用悬架拆装专用工具情况	
2	安全拆装减振器弹簧情况	
3	通过小组合作完成检修过程情况	
4	保持工作环境干净整洁情况	
5	工作单填写情况	

学习工作单3

课程：＿＿＿＿＿＿＿＿　姓名：＿＿＿＿＿　班级：＿＿＿＿＿　日期：＿＿＿＿＿

项目三　电控悬架系统检修

车　　型：＿＿＿＿＿＿＿＿
总成型号：＿＿＿＿＿＿＿＿

一、学习准备

1. 电控空气悬架有哪些基本控制功能？能够实现对车辆的哪些控制？

2. 画出电控悬架控制原理示意图，叙述其工作原理。

3. 下图为 LS400 电控悬架系统部件图，在横线上填写相应元件名称。

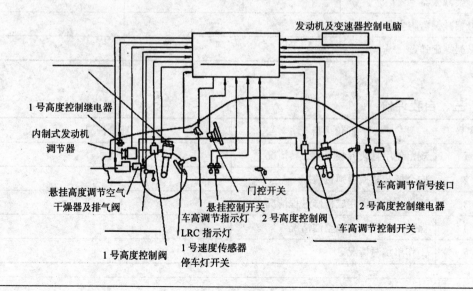

二、计划与实施

1. 电控悬架系统哪些原因会造成车身高度调整功能失效？

2. 设计并填写 LS400 电控悬架系统常规检查与调整表格，要求有检查项目、检查结果及处理方法。

3. 设计并填写 LS400 电控悬架系统关于车身高度控制失灵故障的电气元件检修表格，要求有检查项目、检查结果及处理方法。

三、自我评价

序号	评价项目	评价情况
1	规范操作 LS400 电控悬架试验台情况	
2	正确使用万用表情况	
3	小组协作检查车身高度情况	
4	保持工作环境干净整洁情况	
5	工作单填写情况	

学习工作单4

课程：＿＿＿＿＿＿＿＿＿　姓名：＿＿＿＿＿＿　班级：＿＿＿＿＿＿　日期：＿＿＿＿＿

	项目四　机械转向系统检修	车　　型：＿＿＿＿＿＿＿＿ 总成型号：＿＿＿＿＿＿＿＿

一、学习准备

1．画出普通桑塔纳轿车机械转向系统简图，并叙述其工作过程。

2．填写以下转向器比较表。

转向器名称	优点	缺点	应用车辆举例
齿轮齿条式			
循环球式			
蜗杆曲柄指销式			

3．齿轮齿条式机械转向系统有哪些部位需要润滑？有哪些部位需要进行间隙调整？

二、计划与实施

1．哪些原因会造成转向不灵敏故障？

2. 制订转向不灵敏故障诊断与排除计划，设计并填写检查表格。

三、自我评价

序号	评价项目	评价情况
1	规范使用专用工具情况	
2	规范检修普桑转向系统情况	
3	小组合作完成检修过程情况	
4	保持工作环境干净整洁情况	
5	工作单填写情况	

学习工作单5

课程：＿＿＿＿＿＿＿　姓名：＿＿＿＿＿　班级：＿＿＿＿＿　日期：＿＿＿＿＿

项目五：普通液压助力转向系统检修	车　　型：＿＿＿＿＿＿＿ 总成型号：＿＿＿＿＿＿＿

一、学习准备

1. 机械式转向系统有何缺点？液压助力转向系统是如何克服机械转向系统缺点的？

2. 填写以下液压助力转向系统部件及作用表。

部件	作用
储油罐	
转向油泵	
转向控制阀	
转向动力缸	

3. 画出桑塔纳2000助力转向系统简图，阐述其工作原理。

二、计划与实施

1. 制订桑塔纳2000轿车助力转向系统的维护计划。

2．填写桑塔纳 2000 助力转向系统检查表。

检查部件和位置	检查结果	维修意见
转向系统是否漏油		
转向油泵皮带松紧度		
储油罐油量		
转向系统是否有空气		
转向系统油压		
操纵灵活性		
转向轻便性		
转向盘复位情况		
转向系统是否有异响		

三、自我评价

序号	评价项目	评价情况
1	规范使用专用工具情况	
2	规范检修普桑转向系统情况	
3	小组合作完成检修过程情况	
4	保持工作环境干净整洁情况	
5	工作单填写情况	

学习工作单6

课程：＿＿＿＿＿＿＿＿　姓名：＿＿＿＿＿　班级：＿＿＿＿＿　日期：＿＿＿＿＿

项目六　电控助力转向系统检修	车　　型：＿＿＿＿＿＿＿＿＿ 总成型号：＿＿＿＿＿＿＿＿＿

一、学习准备

1. 填写以下电控动力转向系统比较表。

名称	优点	缺点	应用车型举例
电控液压式（发动机驱动）			
电控液压式（电动机驱动）			
电控电动式			

2. 画出 LS400 电控液压动力转向系统示意图，并阐述其工作原理。

二、计划与实施

1. 哪些原因会造成 LS400 电控液压助力转向系统转向沉重？

2. 填写 LS400 电控液压助力转向系统检查表。

检查部件和位置	检查结果	维修意见
悬架与转向连接件之间润滑情况		
转向系接头及悬架臂球接头		
转向柱管是否弯曲		
转向油泵皮带松紧度		
储油罐液面高度		
转向系统油压		
旁通电磁阀		
转向轻便性		
转向盘倾斜功能		
转向盘伸缩功能		

三、自我评价

序号	评价项目	评价情况
1	规范操作 LS400 电控动力转向驶回情况	
2	规范检修 LS400 电控动力转向系统情况	
3	小组合作完成检修过程情况	
4	保持工作环境干净整洁情况	
5	工作单填写情况	

学习工作单7

课程：＿＿＿＿＿＿＿＿＿　姓名：＿＿＿＿＿＿　班级：＿＿＿＿＿＿　日期：＿＿＿＿＿＿

	项目七　车轮定位检测与调整	车　　型：＿＿＿＿＿＿＿＿＿ 总成型号：＿＿＿＿＿＿＿＿＿

一、学习准备

1. 填写以下车轮定位表。

项目名称	表示参数及范围	简图	功用
主销内倾			
主销后倾			
前轮外倾			
前轮前束			

2. 车轮定位不正确对汽车行驶性能会产生哪些影响？

二、计划与实施

1. 做车轮定位前需要进行哪些准备工作？

2. 简述使用电脑车轮定位仪做桑塔纳 2000 轿车车轮定位的步骤。

3．填写以下车轮定位标准数据表。

车轮	项目	标准值	测量值	是否符合标准	是否可调/调整方法
前轮	左轮外倾角				
	右轮外倾角				
	左轮主销后倾角				
	右轮主销后倾角				
	左轮前束				
	右轮前束				
	左轮主销内倾角				
	右轮主销内倾角				
后轮	左轮外倾角				
	右轮外倾角				
	左轮前束				
	右轮前束				
	推进线夹角				

三、自我评价

序号	评价项目	评价情况
1	规范操作车轮定位仪情况	
2	安全举升车辆情况	
3	是否将车轮定位调至标准	
4	保持工作环境干净整洁情况	
5	工作单填写情况	

图书在版编目（CIP）数据

汽车行驶与转向系统维修 / 胡俊主编. —2 版. —北京：国防工业出版社，2017.4 重印
"十二五"职业教育国家规划教材
ISBN 978-7-118-09997-3

Ⅰ. ①汽... Ⅱ. ①胡... Ⅲ. ①汽车－行驶系－车辆修理－高等职业教育－教材 ②汽车－转向装置－车辆修理－高等职业教育－教材 Ⅳ. ①U472.41

中国版本图书馆 CIP 数据核字(2015)第 019552 号

※

国防工业出版社 出版发行
（北京市海淀区紫竹院南路 23 号　邮政编码 100048）
天利华印刷装订有限公司印刷
新华书店经售
*
开本 787×1092　1/16　印张 1¼　字数 24 千字
2017 年 4 月第 2 版第 2 次印刷　印数 3001—4000 册　总定价 29.50 元　教材 27.00 元 / 工作单 2.50 元

（本书如有印装错误，我社负责调换）

国防书店：(010)88540777　　发行邮购：(010)88540776
发行传真：(010)88540755　　发行业务：(010)88540717